세상에 단 하나뿐인

글_ 라라 알바네세 | 그림_ 톰마소 비두스 로신

LAIKAMI
라이카미

차례

밤하늘 지도

북반구와 남반구 별자리 지도	6
천구 별자리 지도	8
고대 그리스 별자리 지도	10
중국 별자리 지도	12
아프리카 별자리 지도	14
아메리카 나바호족 별자리 지도	16

우주 지도

수많은 천체 집단 은하	20
우리가 살고 있는 우리은하	22
태양계의 중심 태양	24
태양계를 구성하는 행성들	26
태양계로 간 우주선	28
푸른 행성 지구	30
무서운 빛 오염 광공해	32
지구의 자연 위성 달	34
달에 도착한 우주선	36

태양계 지도

태양과 가장 가까운 수성	40
빛나는 행성 금성	42
붉은 행성 화성	44
미래를 위한 화성 탐사	46
태양계에서 가장 큰 목성	48

목성의 갈릴레오 위성	50
두꺼운 고리를 가진 토성	52
비뚤어진 행성 천왕성	54
얼음 행성 해왕성	55
명왕성과 위성 카론	56
외로운 왜소 행성 세레스	58

심우주 지도

큰곰자리 은하단	62
오리온자리 천체들	64
남반구를 수놓은 마젤란은하	66
초신성 폭발로 남은 게성운	68
태양계 밖 외계 행성	70

우주를 연구하는 곳

우주가 시작되는 대기권	74
전 세계 천문 관측소	76
인간이 만든 별 인공위성	78
작은 우주선 우주복	80
우주로 가는 우주선	82
우주 비행사들의 집 국제우주정거장	84

천문학 사전   86

밤하늘 지도

지구에 살고 있는 여러분, 고개를 들어 하늘을 올려다보세요.
뜨거운 태양을 비롯해 달, 별, 은하수 등 우주에 떠다니는 천체를 망원경 없이도 어렴풋이 관측할 수 있어요.
어때요, 커다란 우주의 놀라운 광경이 눈앞에 펼쳐지는 것 같지 않나요?
특히 깜깜한 밤에 하늘을 수놓은 별들을 바라보며, 숨어 있는 별자리를 찾다 보면 시간 가는 줄 모를 거예요.
그리스 신화의 주인공들이 머릿속에 그려질 테니까요!
자, 그럼 지금부터 우주로 가지 않아도 맨눈으로 볼 수 있는 하늘을 만나 보아요.

북반구 하늘

별자리
마치 칠판에 찍힌 하얀 점처럼 보이는 이 별들을 보세요! 옛날부터 사람들은 천구에 투영된 이 수많은 별을 선으로 이으면서 사람이나 동물, 사물 등을 상상했어요. 그렇게 별을 연결했을 때 보이는 모양에 이름을 붙인 것이 별자리랍니다. 그렇다 보니 별자리는 나라마다, 시대마다 다른 이름이 붙었지요. 여러분은 무엇이 떠오르나요?

천구 적도

북반구와 남반구
별자리 지도

별들이 박혀 있는 것처럼 보이는 둥그런 밤하늘을 '천구'라고 해요. 우리가 보는 별은 실제 거리와는 상관없이 이 천구에 투영된 것으로 보지요. 그럼 밤하늘의 별자리를 둥근 지도로 살펴볼까요? 우리 책의 왼쪽 페이지는 북반구 하늘, 즉 북쪽에 살고 있다면 볼 수 있는 하늘이에요. 반면 오른쪽 페이지는 남반구 하늘, 만약 여러분이 남쪽에 산다면 볼 수 있는 하늘이지요. 그런데 별자리들이 조금씩 다르다고요? 맞아요. 하늘의 모습은 언제 어디에서 보느냐에 따라 다르거든요. 우리나라는 북반구에 있으니까 왼쪽 지도를 보면 되겠군요!

방향을 가리키는 별
북반구 하늘 가운데에는 '북극성'이 있어요. 이것은 매우 반짝이는 별로, 항상 같은 자리에서 북쪽을 가리키고 있지요. 반면 남반구 하늘에는 남쪽을 가리키는 별이 하나도 없답니다. 하지만 매일 나타나서 방향을 찾는 데 도움을 주는 별들이 몇 개 반짝이고 있어요. 바로 남십자성, 그리고 켄타우루스 알파와 베타랍니다.

남반구 하늘

지구 적도 하늘
이 둥그런 지도의 가장자리 부근은 지구 적도의 하늘에서 볼 수 있는 별자리예요. 그래서 남반구와 북반구 하늘 지도에서 동시에 나타난답니다.

페가수스자리
고래자리
미라
물병자리
황소자리
에리다누스강자리
불사조자리
포말하우트
두루미자리
알타이르
아케르나르
큰부리새자리
염소자리
오리온자리
리겔
황새치자리
물뱀자리
공작자리
독수리자리
베텔게우스
비둘기자리
토끼자리
남극노인성
날치자리
극락조자리
제단자리
사수자리
뱀자리
(뱀 꼬리)
시리우스
용골자리
파리자리
남쪽삼각형자리
큰개자리
돛자리
남십자자리
켄타우루스 알파
켄타우루스 베타
안타레스
뱀주인자리
프로키온
고물자리
켄타우루스자리
이리자리
전갈자리
작은개자리
천칭자리
뱀자리
(뱀 머리)
바다뱀자리
까마귀자리
스피카
레굴루스
처녀자리

천구 적도

은하수
천구를 띠처럼 가로지르는 별들의 무리를 '은하수'라고 해요. 은하수는 우리가 살고 있는 태양계가 속한 '우리은하'의 중심 부분이랍니다.

봄 / 겨울 / 여름 / 가을

지구의 자전과 공전

지구는 한시도 멈추지 않아요. 남극과 북극을 잇는 축을 중심으로 도는 '자전'을 하면서 동시에 태양 둘레를 반시계 방향으로 도는 '공전'도 하고 있지요. 지구의 자전은 낮과 밤을 만들어 내요. 이때 지구가 돌고 있지만, 우리는 태양이 뜨고 지며 낮과 밤이 생기는 것처럼 느껴요. 마치 회전목마를 타고 돌 때 주변이 바뀌는 것처럼 보이듯 말이에요! 반면 지구의 공전은 계절을 바꾸어요. 지구는 자전축이 23.4도로 기울어져 있기 때문에 받는 태양 빛의 양이 달라요. 그 상태로 태양 주위를 공전하기 때문에 계절이 생기는 것이지요. 만약 태양 빛이 직접적으로 닿는다면 뜨거운 여름이고, 비슷하게 닿아 덜 뜨겁다면 봄이나 가을이랍니다.

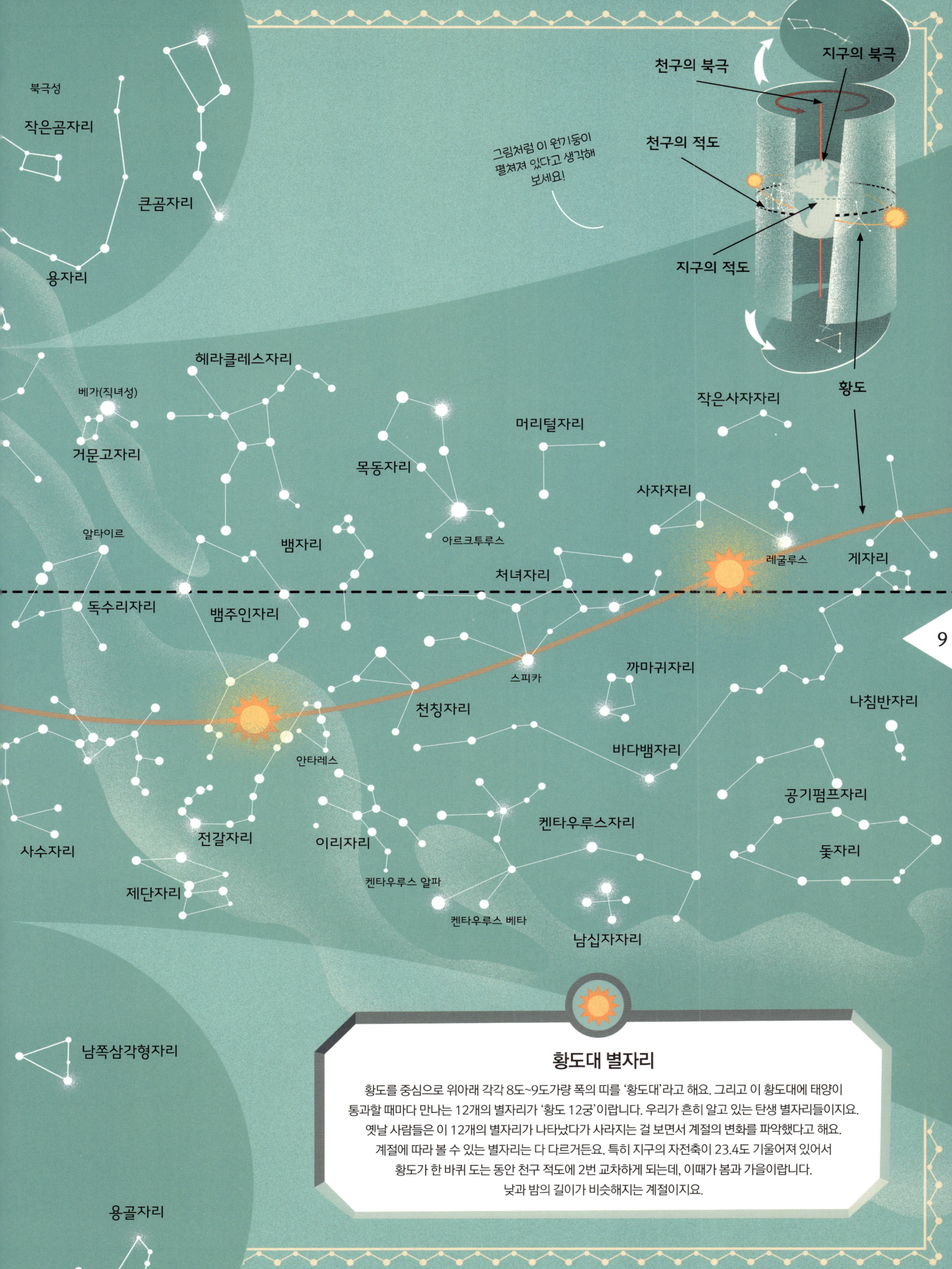

황도대 별자리

황도를 중심으로 위아래 각각 8도~9도가량 폭의 띠를 '황도대'라고 해요. 그리고 이 황도대에 태양이 통과할 때마다 만나는 12개의 별자리가 '황도 12궁'이랍니다. 우리가 흔히 알고 있는 탄생 별자리들이지요. 옛날 사람들은 이 12개의 별자리가 나타났다가 사라지는 걸 보면서 계절의 변화를 파악했다고 해요. 계절에 따라 볼 수 있는 별자리는 다 다르거든요. 특히 지구의 자전축이 23.4도 기울어져 있어서 황도가 한 바퀴 도는 동안 천구 적도에 2번 교차하게 되는데, 이때가 봄과 가을이랍니다. 낮과 밤의 길이가 비슷해지는 계절이지요.

페가수스자리
그리스 신화 속 하늘을 달리는 말 페가수스의 이야기를 담은 별자리예요. 페가수스는 페르세우스가 메두사의 목을 벨 때 몸에서 흘러나온 피로부터 태어났어요. 태어나자마자 최고의 신인 제우스의 번개를 옮기는 역할을 맡았지요.

북반구 하늘

- 물병자리
- 고래자리
- 미라
- 페가수스자리
- 양자리
- 에리다누스강자리
- 돌고래자리
- 백조자리
- 삼각형자리
- 독수리자리
- 알타이르
- 안드로메다은하
- 황소자리
- 플레이아데스
- 히아데스
- 여우자리
- 데네브
- 알골
- 페르세우스자리
- 알데바란
- 리겔
- 뱀자리 (뱀 꼬리)
- 거문고자리
- 카시오페이아자리
- 카펠라
- 오리온자리
- 베가(직녀성)
- 케페우스자리
- 마차부자리
- 베텔게우스
- 헤라클레스자리
- 북극성
- 작은곰자리
- 카스토르
- 쌍둥이자리
- 뱀주인자리
- 북쪽왕관자리
- 용자리
- 폴룩스
- 큰곰자리
- 프로키온
- 목동자리
- 사냥개자리
- 살쾡이자리
- 작은개자리
- 뱀자리 (뱀 머리)
- 아르크투루스
- 천칭자리
- 사자자리
- 레굴루스
- 바다뱀자리
- 스피카
- 처녀자리

고대 그리스
별자리 지도

고대 그리스 사람들은 하늘의 별을 바라보며 신화 속 여러 주인공을 떠올렸어요. 안드로메다 공주와 날개 돋친 페가수스 말, 힘이 센 헤라클레스, 자신을 쳐다보는 사람들을 모두 돌로 만들어 버리는 무서운 메두사까지 머릿속으로 상상하며 별자리에 이름을 붙였지요. 그리고 1930년 국제 천문 연맹에서는 이 그리스 신화를 참고하여 12개의 별자리를 공식적으로 인정했어요. 지금은 그리스인들이 발견하지 못한 다른 별자리도 더 추가하여 총 88개의 별자리가 공인된 목록에 올라간 상태랍니다. 당연히 우리가 알고 있는 별자리 이름도 그리스 신화와 관련된 것들이겠지요!

훌륭한 장군
오리온자리는 그리스 신화 속 바다의 신 포세이돈의 아들이자 훌륭한 사냥꾼인 오리온의 전설을 담았어요. 그런데 중국 사람들은 이 별자리를 보면서 고대 최고의 장군을 떠올렸답니다. 오리온처럼 별 3개가 나란히 이어지는 허리띠를 두르고 말이죠.

중국
별자리 지도

중국은 그리스와 아주 멀리 떨어져 있는 나라이지만 위도는 비슷해요. 그렇다 보니 그리스 사람들과 중국 사람들이 관찰할 수 있는 별들은 비슷비슷했지요. 그런데 중국 사람들은 그리스 사람들과 같은 별을 바라보면서도 다른 주인공을 상상했어요. 이 지도에서도 그리스 신화에 나오는 별자리에 중국의 신화가 보이죠? 특히 천구 지붕 북극성에 황제 그림이 보일 거예요. 고대 중국 사람들은 이곳을 중국 황제의 심장으로 여겼고, 하늘의 모든 별들이 그 주위를 돈다고 생각했답니다. 참 흥미롭지 않나요?

이루어질 수 없는 사랑

지도에서 거문고자리와 독수리자리를 찾아보세요! 중국을 비롯한 동양에서는 거문고자리의 가장 밝은 별인 베가를 '직녀성', 독수리자리에서 가장 밝은 별인 알타이르를 '견우성'이라고 불렀어요. 여기에는 아주 슬픈 전설이 있답니다. 부유한 공주 직녀와 낮은 신분의 소몰이꾼 견우가 사랑에 빠진 거예요. 화가 난 직녀의 어머니가 두 사람 사이를 은하수로 갈라놓았고, 직녀는 매년 7월 7일 단 하루만 은하수를 건너 견우를 보러 갈 수 있었어요. 그날이 바로 칠석날이랍니다.

아프리카
별자리 지도

아프리카는 매우 드넓은 대륙이에요. 그래서 지역에 따라 아주 다양한 천구의 광경이 펼쳐지지요. 여기서는 아프리카 대륙 중에서도 적도 아래 남반구에서 볼 수 있는 별자리 지도를 담았어요. 아프리카 사람들은 자신들의 문화와 전통, 살고 있는 자연환경에 따라 별자리를 바라보았기 때문에 우리가 상상도 하지 못한 흥미로운 별자리를 많이 볼 수 있답니다. 얼룩말이나 기린같이 아프리카에 살고 있는 야생 동물을 비롯해, 아프리카 사람들이 숭배하는 하늘 신이나 그의 자손들도 만날 수 있어요.

세 마리의 얼룩말과 사자
오리온의 허리띠에 있는 3개의 별을 찾아보세요! 이 부근에 힘차게 달리는 얼룩말 세 마리가 보이지요? 여기에도 흥미로운 이야기가 전한답니다. 이 지도에서는 보이지 않지만, 황소자리 어깨 부분의 플레이아데스성단은 하늘 신의 일곱 딸을 상징해요. 그녀들의 아버지가 이 얼룩말들을 향해 화살을 쏘았는데, 아슬아슬하게 빗나가면서 사나운 사자의 두 눈 밑으로 사라졌답니다. 그게 바로 오리온자리의 '베텔게우스'지요. 그래서 이 부근에는 가까스로 죽음을 면한 얼룩말과 눈이 반짝이는 사자의 모습이 담겨 있어요.

여인의 사랑
아프리카 전설 속에서 은하수는 남편을 향한 여인의 사랑을 나타내요. 사냥을 나간 남편이 밤늦도록 돌아오지 않자, 걱정된 아내는 남편이 무사히 집으로 돌아오도록 불씨를 던져 하늘을 밝혔어요. 그리고 이 불씨는 은하수가 되었답니다. 여인의 사랑에 감동한 아프리카 사람들은 은하수를 '별들의 길'이라고 불러요.

남반구 하늘

풍요의 상징
남극노인성(카노푸스)은 용골자리에서 가장 밝은 별로, 커다랗고 황백색을 띠고 있어요. 아프리카 부시먼족은 이 별을 카노푸스 할머니라고 생각했어요. 그리고 이 할머니의 배는 음식으로 가득 차 있어서 풍요의 상징으로 여겼지요. 그래서 항상 그 배를 살짝 눌러 보고 싶어 했답니다. 반면 다른 부족들은 남극노인성이 그들이 먹는 개미의 알처럼 둥글고 반짝였기 때문에 '개미알자리'로 불렀어요.

하늘의 불꽃
아프리카 사람들은 전갈자리의 붉은 알파성인 안타레스를 '꺼져 가는 불꽃'이라고 불렀어요. 왜냐하면 사람들이 피워 둔 불이 꺼져 가다가 마지막에 작은 불씨들만 남는 아주 늦은 밤이 되어야 하늘에 나타났기 때문이지요.

우주 지도

우리가 살고 있는 행성, 지구는 우주 어디쯤에 있을까요? 지구는 태양계, 더 크게는 우리은하 안에 있어요.
'태양계'란 태양을 중심으로 모인 천체 집단을 말하고, 이런 태양계가 속해 있는 별들의 집단을 '우리은하'라고 해요.
태양계 안에서 지구는 태양 주위를 돌고, 지구의 위성인 달은 지구의 둘레를 돌고 있지요.
특히 태양은 우리에게 꼭 필요한 태양 에너지를 선물하는 소중한 별이랍니다.
그럼 지금부터 우리 지구는 우주 어디쯤에 있는지, 그곳에는 무엇이 있는지 알아보러 갈까요?

수많은 천체 집단
은하

무수한 점들이 가득한 이 지도를 보세요! 바로 수많은 천체가 모인 '은하'들이랍니다. 다양한 모양과 색깔을 가지고 있지요. 어떤 은하는 비교적 가까이 있어서 모양이 쉽게 보이는 반면, 어떤 은하는 너무 멀리 있어서 반짝이는 점으로 보여요. 우주에는 수십억 개의 은하가 있고, 각각의 은하 안에 수천억 개 이상의 별(항성)이 있어요. 은하 중 우리가 살고 있는 태양계가 속한 곳이 '우리은하'랍니다.

100만 광년

우주에서의 거리
위 그림은 오른쪽의 커다란 지도의 일부를 확대한 것으로, 이 정사각형의 한 면은 100만 광년의 거리를 나타내요. 여기서 '광년'이란 천체와 천체 사이의 거리를 나타내는 단위인데, 빛이 진공 상태에서 움직인 거리를 말해요. 진공 상태에서 빛은 1초에 약 30만 km로 나아가므로, 1광년은 빛이 1년 동안 약 9조 5,000억 km를 나아간다는 뜻이랍니다.

은하의 색깔
은하는 여러 가지 색깔을 가지고 있어요. 은하에 있는 별이 나이가 어리고 뜨거우면 파란색, 중간 나이면 황색, 나이가 많으면 적색을 띤답니다. 소용돌이 모양의 '나선 은하'는 다양한 색깔로 이루어져 있어요. 중심부는 나이가 많은 별들로 이루어져 적색을 띠고 있고, 나선팔은 어리거나 막 생겨난 별들이 많아서 푸른 빛으로 펼쳐져 있답니다. 바깥으로 노란빛을 띤 부분에는 그렇게 늙지도, 어리지도 않은 별들이 모여 있지요.

푸른 은하
나이가 어리고 뜨거운 별들이 아주 많이 모여 있는 은하예요. 가스의 함량이 많을수록 별의 탄생률이 증가하지요.

황색 은하
황색 은하는 대부분 중간 나이의 별들로 이루어져 있어요. 그 안에서는 더 이상 별들이 만들어지지 않아요.

나선 은하
가운데에 핵이 있고 나선 모양의 팔이 감겨 있는 것처럼 보이는 은하예요. 마치 소용돌이 같지요? 우리은하는 나선팔이 2개 감긴 나선 은하랍니다.

중력의 힘

중력이란 지구와 지구 위의 물체가 서로 당기는 힘을 말해요. 모든 물체가 바닥에 떨어지는 건 중력 때문이랍니다. 그래서 여러분이 위로 힘껏 뛰어도 다시 아래로 떨어지고, 모든 물체를 위로 던져도 금방 바닥으로 떨어지는 거죠. 그럼 우주에서도 똑같은 일이 벌어질까요? 지구 주위를 돌고 있는 달을 예로 들어 볼게요. 달의 중력은 지구 중력의 1/6이에요. 그렇다 보니 달 위에서 걷는 사람은 지구에서보다 6배나 낮은 중력의 힘이 작용하는 상태로 움직이는 거지요. 그래서 달에 간 우주 비행사들이 아주 높이 뛰어오른 상태로 유영할 수 있는 반면, 지구에 있는 여러분은 있는 힘껏 높이 뛰어도 금방 바닥으로 떨어지는 거랍니다. 물론 무게와 상관없이 물체 자체가 가진 고유의 양인 질량은 변함이 없다는 것 잊지 마세요!

우리가 살고 있는
우리은하

여러분은 지금 우리은하를 위에서 바라본 모습을 보고 있어요. 물론 사진을 보고 그린 지도는 아니에요. 왜냐하면 어느 누구도 이런 사진을 찍을 만큼 우리은하 밖 멀리까지 가 보지 못했거든요. 대신 천문학자들은 전파 망원경으로 관측했어요. 특히 별이 탄생하는 곳에서 격렬한 가스 분자 운동이 일어나 전파를 발생시키는데, 우주 분자 증폭기를 기준으로 삼아 형태나 크기를 측정해 이처럼 멋진 우리은하 지도를 만들었답니다. 마치 우주선을 타고 가서 직접 우리은하 위에서 관찰하는 것처럼 느껴지지 않나요?

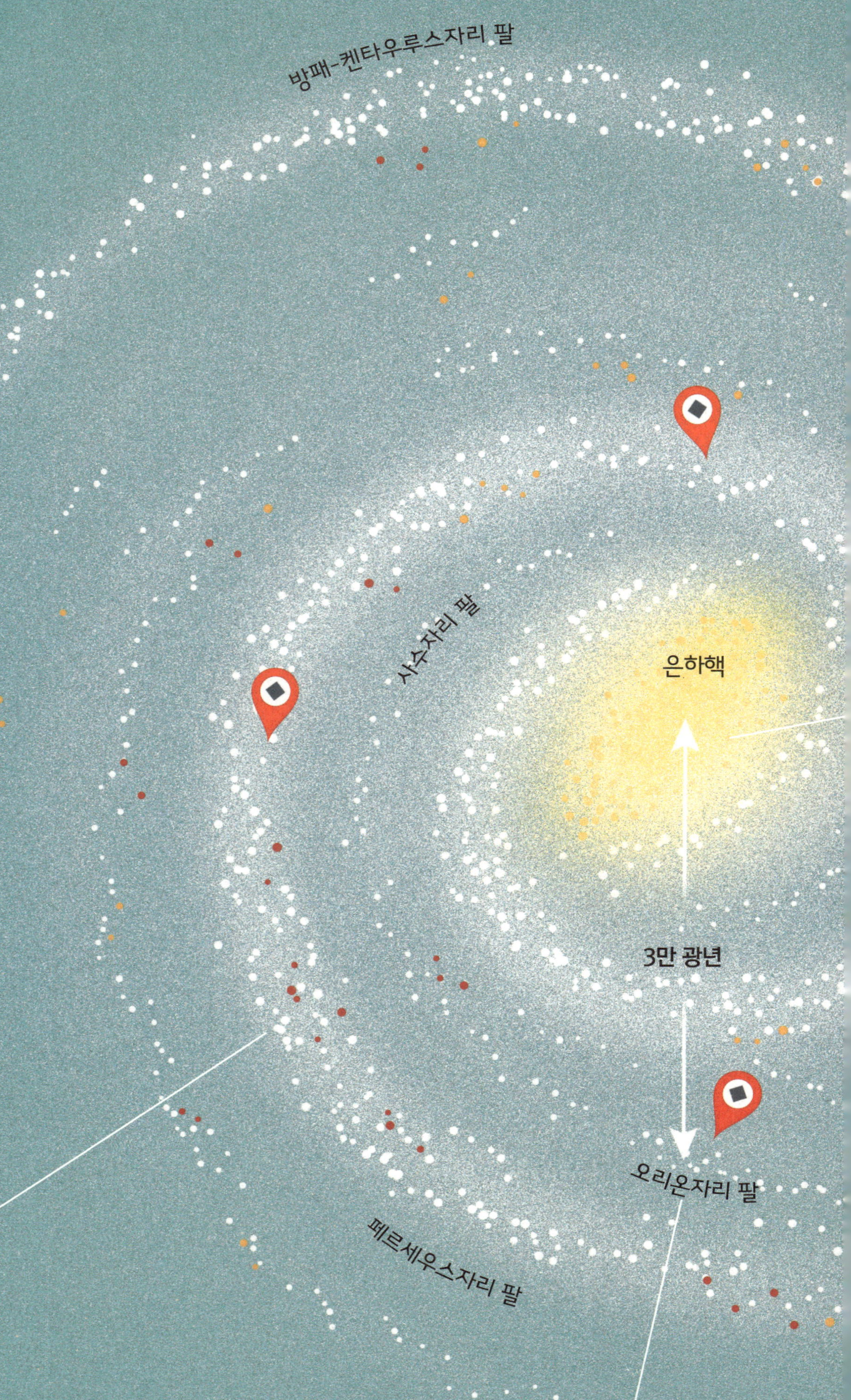

방패-켄타우루스자리 팔

사수자리 팔

은하핵

3만 광년

나선팔
우리은하 중심부의 블랙홀에서 나오는 나선팔 개수에 대해서 여러 가지 의견이 있어요. 몇 년 전까지만 해도 천문학자들은 우리은하에는 4개의 팔이 감겨 있다고 보았지요. 바로 '방패-켄타우루스자리 팔', '페르세우스자리 팔', '직각자리 팔', '사수자리 팔'이에요. 그런데 오늘날에는 방패-켄타우루스자리 팔, 페르세우스자리 팔 이렇게 2개라고 생각하는 학자들이 훨씬 더 많답니다.

오리온자리 팔

페르세우스자리 팔

태양
은하핵으로부터 약 3만 광년 떨어진 곳인 오리온자리 팔 안에 우리의 태양이 있어요.

정면으로 보는 은하수의 모습이에요. 여기서도 은하의 중심부에서 블랙홀을 찾을 수 있겠지요?

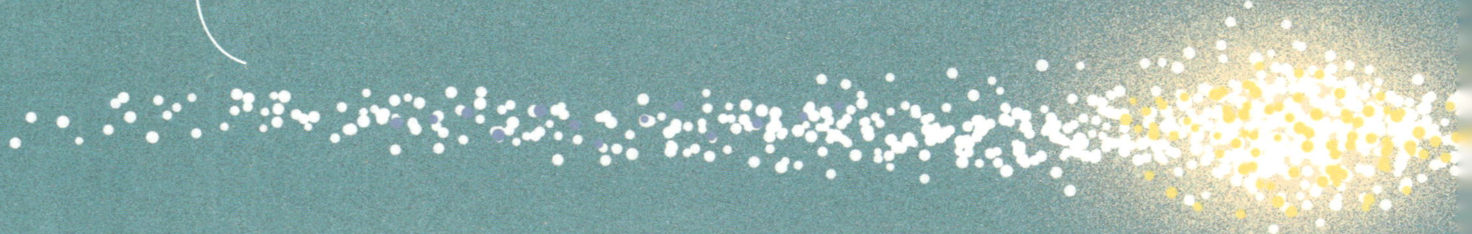

별의 탄생
별은 별과 별 사이에서 태어나요. 하얗고 푸르고 밝은 이곳에서 별들이 끊임없이 탄생하고 있답니다.

초대질량 블랙홀
은하의 중심부에는 '사수자리 A별' 위치에 초대질량 블랙홀이 있어요. 강력한 중력으로 모든 것을 빨아들이지요. 질량이 태양보다 무려 수백만 배나 크답니다. 이 블랙홀은 지구에서 2천6백만 광년 이상 떨어져 있어서 지구에 미치는 영향은 거의 없어요.

직각자자리 팔

10만 광년

우리은하의 크기
빛이 우리은하의 이쪽 끝부터 저쪽 끝까지 지나는 데 약 10만 광년이 걸려요. 그러니까 우리은하는 지름이 10만 광년 정도 된다는 뜻이지요.

2019년 처음으로 천문학자들은 블랙홀을 사진으로 찍을 수 있게 되었어요. 정말 대단한 일이지요!

우주에서 가장 어두운 곳, 블랙홀
블랙홀은 정말로 신비로운 부분이에요. 내부에 아주 강한 중력을 가지고 있어서 빛을 포함해 어떤 것이든 그 근처에만 가도 쑥 빨려 들어가 빠져나올 수 없답니다. 마치 진공청소기처럼 말이지요. 게다가 너무 멀리 있고, 어둡기까지 해서 관측하기 정말 힘들어요. 우리은하 안에도 1,000만 개에서 10억 개의 블랙홀이 있다고 추측하지만, 확인된 건 고작 20여 개뿐이랍니다. 블랙홀은 두 가지 종류가 있어요. 하나는 질량이 큰 별이 진화 마지막 단계에서 모든 걸 뿜어내며 폭발할 때 생성된 블랙홀이에요. 또 다른 하나는 은하 중심부에 있는 '초대질량 블랙홀'이랍니다. 현재까지 알려진 블랙홀 중 가장 무겁다고 해요.

태양계의 중심
태양

태양은 태양계에서 가장 큰 천체로, 태양계의 중심에 존재해요. 또 항성(별)이라서 다른 별처럼 스스로 빛을 낼 수 있지요. 그런데 태양은 수많은 별 중에서도 우리에게 없어서는 안 될 가장 중요한 존재랍니다. 왜냐하면 태양은 빛과 열을 내뿜어서 지구에 적절한 기온과 날씨를 제공하는데, 이는 인간과 동식물 등 모든 생명체가 살아갈 수 있도록 해 주거든요. 그럼 이런 태양 에너지는 어디에서 나오는 걸까요? 태양 한가운데에 있는 커다란 핵이 에너지를 만들어서 태양의 표면까지 확산시킨답니다. 그래서 지구가 태양과 무려 1억 5,000만 km나 떨어져 있어도 태양 에너지를 고스란히 받을 수 있는 거지요.

광구
태양의 얇은 표면층으로, 원판 모양으로 빛나는 부분이에요. 지구에서도 맨눈으로 볼 수 있는데, 밝은 중심부에 비해 가장자리로 갈수록 점점 어둡게 보여요. 광구에는 대류 현상으로 인한 쌀알무늬가 있고, 양성자, 전자 같은 낱알 모양의 미립자를 방출하고 있답니다. 뜨거운 태양답게 광구의 온도는 약 4400~6,000℃ 정도로 매우 높아요!

채층
광구 바로 바깥에 있는 붉은 대기층으로, 두께는 약 1,600km, 온도는 약 15,000℃에 이른답니다.

코로나
태양 대기권에서 가장 바깥에 있는 가스층을 말해요. 백만 ℃에 이르며 수백만 km까지 펼쳐져 있어요. 태양 표면의 전기를 띤 입자들은 시속 300~800km의 태양풍이 되어 멀리 쏟아져 나간답니다. 보통 지구의 대기권을 통과할 때 사라지지만 일부는 지구에 도달하기도 해요.

흑점
태양 표면 여기저기에 거뭇거뭇한 점들 보이나요? 바로 '흑점'이에요. 자기장 때문에 대류 활동이 방해를 받아 생기는데, 주변의 광구 온도보다 상대적으로 더 낮기 때문에 어둡게 보인답니다. 이렇게 그림으로 보면 아주 작은 점 같지만, 흑점 하나는 지구의 표면 대부분을 덮을 정도로 커요. 보통 하루에서 수개월 뒤 사라지곤 하지요.

지구

맨눈으로 태양을 바라보면 강렬한 빛 때문에 눈이 손상돼요! 차광 안경을 꼭 착용하세요!

플레어
태양의 대기 안에서 발생하는 폭발 현상이에요. 코로나 하층부에서 다량의 에너지가 갑자기 방출되면서 채층의 어떤 부분이 갑자기 밝아졌다가 수십 분에서 1시간 후 원래 상태로 돌아가는 현상을 가리켜요. 보통 흑점 주변에서 발생하지요.

태양 신분증

질량	지구의 34만 배
반지름	지구의 109배(약 70km)
표면 온도	6,000 ℃
중심 온도	1,500만 ℃
구성	수소 70%, 헬륨 28% 등

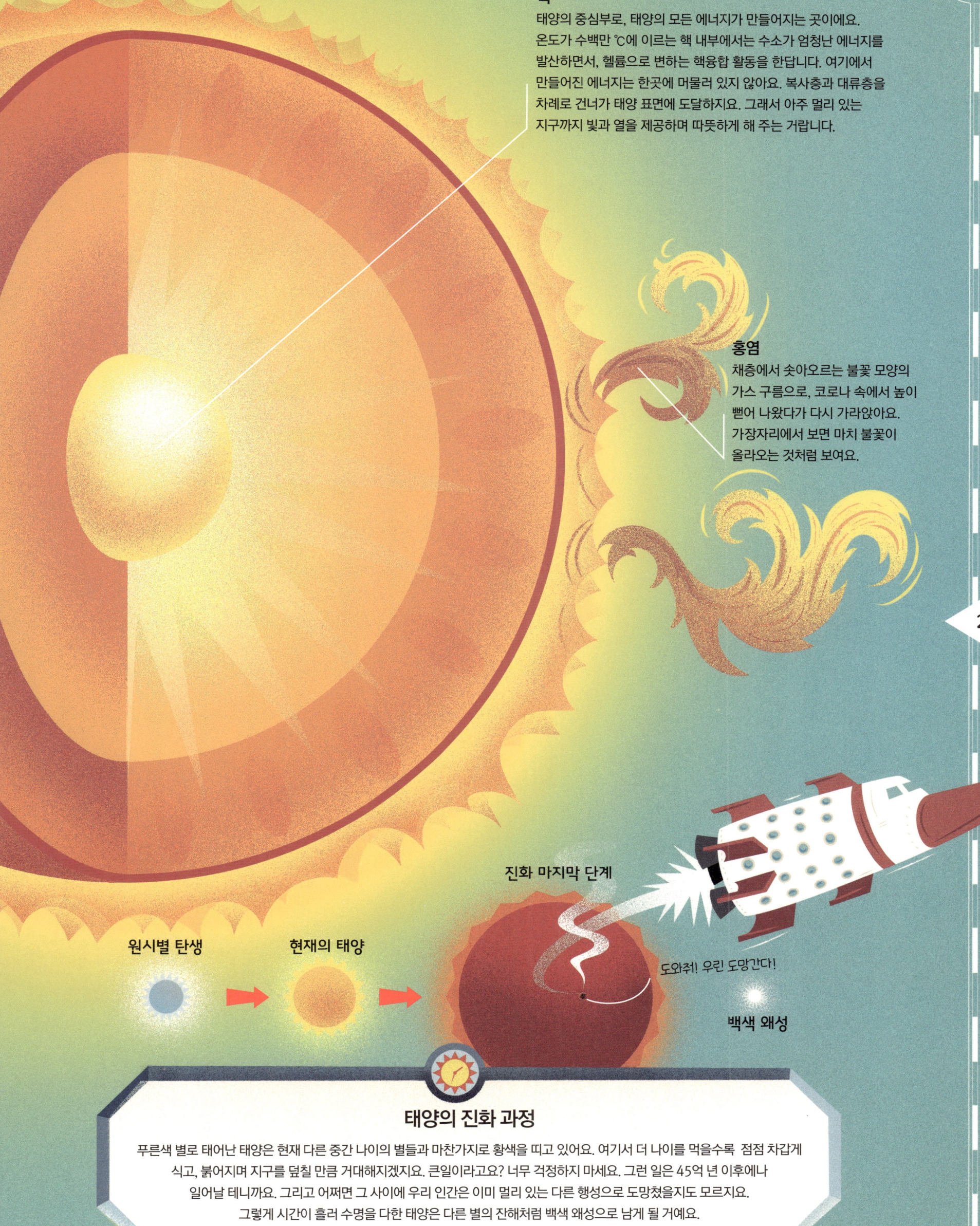

태양계를 구성하는
행성들

태양계에 우리 지구만 있는 건 아니에요! 태양을 비롯해 태양의 영향을 받는 천체가 모두 모여 있답니다. 태양을 공전하는 여덟 개의 행성부터, 행성을 공전하는 위성, 행성에 비해 작은 왜소 행성과 소행성, 그리고 주위의 작은 먼지까지 수많은 천체가 태양계를 이루고 있지요. 그중 태양 궤도를 공전하는 행성으로는 태양에 가까운 순서대로 수성, 금성, 지구, 화성, 목성, 토성, 천왕성, 그리고 해왕성이 있답니다.

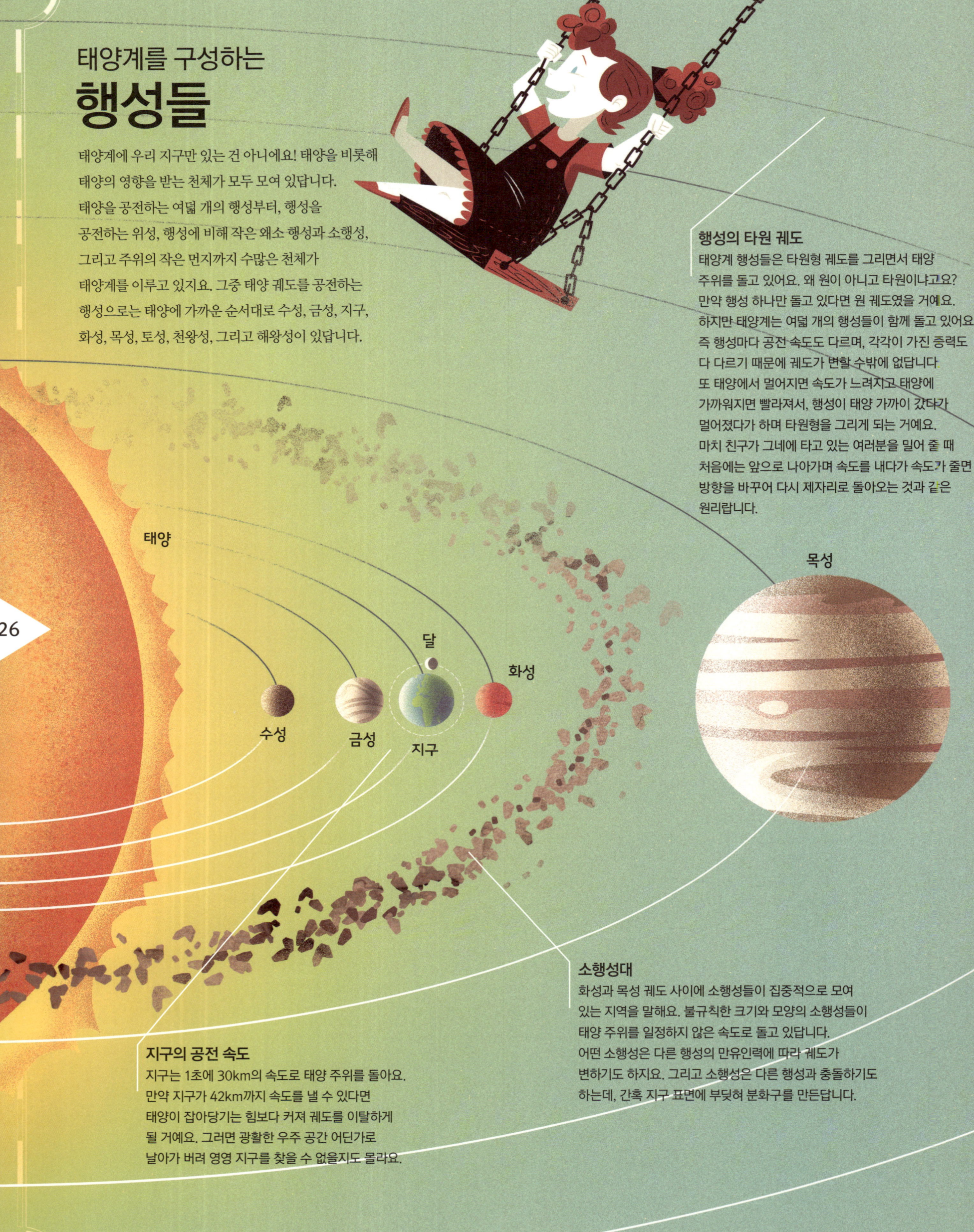

행성의 타원 궤도

태양계 행성들은 타원형 궤도를 그리면서 태양 주위를 돌고 있어요. 왜 원이 아니고 타원이냐고요? 만약 행성 하나만 돌고 있다면 원 궤도였을 거예요. 하지만 태양계는 여덟 개의 행성들이 함께 돌고 있어요. 즉 행성마다 공전 속도도 다르며, 각각이 가진 중력도 다 다르기 때문에 궤도가 변할 수밖에 없답니다. 또 태양에서 멀어지면 속도가 느려지고 태양에 가까워지면 빨라져서, 행성이 태양 가까이 갔다가 멀어졌다가 하며 타원형을 그리게 되는 거예요. 마치 친구가 그네에 타고 있는 여러분을 밀어 줄 때 처음에는 앞으로 나아가며 속도를 내다가 속도가 줄면 방향을 바꾸어 다시 제자리로 돌아오는 것과 같은 원리랍니다.

소행성대

화성과 목성 궤도 사이에 소행성들이 집중적으로 모여 있는 지역을 말해요. 불규칙한 크기와 모양의 소행성들이 태양 주위를 일정하지 않은 속도로 돌고 있답니다. 어떤 소행성은 다른 행성의 만유인력에 따라 궤도가 변하기도 하지요. 그리고 소행성은 다른 행성과 충돌하기도 하는데, 간혹 지구 표면에 부딪혀 분화구를 만든답니다.

지구의 공전 속도

지구는 1초에 30km의 속도로 태양 주위를 돌아요. 만약 지구가 42km까지 속도를 낼 수 있다면 태양이 잡아당기는 힘보다 커져 궤도를 이탈하게 될 거예요. 그러면 광활한 우주 공간 어딘가로 날아가 버려 영영 지구를 찾을 수 없을지도 몰라요.

태양계 생성 과정
태양계는 약 46억 년 전에 생겼어요. 처음에는 가스 먼지와 수소가 우주 공간을 돌다가(1) 서로의 중력 때문에 가운데로 모이면서(2) 원반 모양의 구름이 만들어져요. 그리고 구름의 중심부에 먼지와 수소가 더 뭉쳐져 원시별(3)이 탄생하지요. 이 원시별이 진화하여 현재의 태양이 완성되고, 태양을 만들고 남은 물질은 서로 만나고 멀어지면서 태양 주위를 도는 행성과 위성이 되었답니다.

오르트 구름
오르트 구름은 1억 개 이상의 혜성들이 목성과 같은 거대 행성에 의해 밖으로 밀려나 형성된 천체 집단이에요. 오르트 구름은 태양계를 껍질처럼 둘러싸고 있으며, 아주 긴 타원형이나 포물선 궤도를 그리며 태양계 안팎으로 이동하고 있답니다.

천왕성

토성

해왕성

명왕성
명왕성은 참 불쌍해요. 처음에는 태양계의 아홉 번째 행성으로 인정받았지만, 2006년부터 국제 천문 연맹에서 왜소 행성 중 하나로 분류하였어요. 천문학자들이 명왕성과 비슷한 크기의 작은 행성들을 많이 발견하면서, 명왕성을 태양계 행성으로 보기에 애매해졌거든요.

카이퍼대
카이퍼대는 얼음과 운석들이 모여 있는 띠로, '카이퍼 벨트'라고도 불러요. 태양의 빛과 온기로부터 아주 멀리 떨어진 곳에서 태양계를 둘러싸고 있답니다. 명왕성보다도 더 멀리 있어서 연구가 쉽지 않아요.

지구형 행성과 목성형 행성
태양계 행성은 '지구형 행성'과 '목성형 행성'으로 나뉘어요. 수성, 금성, 지구, 화성처럼 태양과 가까운 행성은 지구형 행성이라고 하고, 목성, 토성, 천왕성, 해왕성처럼 태양에서 멀리 떨어진 행성은 목성형 행성이라고 해요. 지구형 행성은 대부분 무겁고 쉽게 날아가지 않는 암석으로 이루어져 있어요. 반면 목성형 행성은 수소나 헬륨 등 쉽게 날아갈 만큼의 가벼운 가스로 구성되어 있어서 행성 표면이 딱딱하지 않고 형태도 불분명하답니다. 그래서 지구형 행성처럼 표면에 착륙할 수 없지요.

태양계로 간 우주선

지금까지 인간은 태양계에서 달 이외에 어떤 천체도 직접 밟아 보지 못했어요. 물론 우주가 궁금한 인간들은 끊임없이 우주로 무인 탐사선과 로켓을 보내고, 인공위성을 쏘아 올려 태양계를 관찰 중이랍니다. 그중 대부분이 주어진 임무를 마치고 지구로 돌아오거나, 우주에서 파괴됐어요. 지금도 수명을 다해 멈출 준비 중인 것도 있고, 새롭게 우주로 출발할 준비를 하고 있는 것도 있지요. 앞으로도 얼마나 많은 우주의 비밀이 밝혀질지 기대되지 않나요?

메신저호(미국)
미국 항공 우주국인 나사(NASA)가 2004년 8월에 발사한 수성 탐사선이에요. 수성은 태양 가까이 있어서 온도가 매우 높아요. 그래서 그동안 당연히 행성 위에 착륙은 커녕 수성 근처에 머무르지도 못했어요. 메신저호는 2011년 수성 궤도에 진입한 뒤 4년 동안 임무를 수행하다 2015년 수성 표면에 충돌하면서 최후를 맞이했답니다.

태양 · 수성 · 금성 · 지구 · 달 · 루나호 · 화성 · 목성
메신저호 · 파이오니아 6~9호 · 마젤란호 · 베네라 7호 · 메리너호 · 갈릴레오호

소호(미국, 유럽)
1995년 미국과 유럽이 쏘아 올린 태양 관측 위성이에요. 12가지 최첨단 관측 장비로 태양에서 일어나는 여러 가지 현상을 관측해서 지구에 보내 주지요. 현재도 우주에서 활동 중이랍니다.

베네라 7호(소련)
'베네라'는 소련이 발사한 금성 탐사선이에요. 1~6호까지는 고장 등으로 실패했고, 1970년 베네라 7호가 처음으로 금성 표면에 무사히 도착했답니다. 인간이 다른 행성에 착륙시키고 교신에 성공한 최초의 탐사선이에요.

스푸트니크 1호(소련)
1957년 소련이 쏘아 올린 세계 최초의 인공위성이에요. 4개의 긴 안테나가 달린 공처럼 생겼고, 내부에는 측정기와 2대의 송신기가 들어 있었어요. 지구를 무사히 회전한 뒤 대기권으로 들어와 불타 사라졌어요. 이로 인해 전 세계에 우주 개발 경쟁이 시작됐답니다.

보스토크 1호(소련)
"지구는 푸른빛이었다. 멋지고 경이롭다!" 소련의 전투기 조종사였던 유리 가가린이 1961년 보스토크 1호를 타고 인류 최초로 우주로 가서 지구를 바라보고 전한 말이에요. 유리 가가린은 우주로 출발하기 전, 우주선 발사대로 가는 버스에서 내려 오른쪽 뒷바퀴에 소변을 보았어요. 이때부터 러시아 우주 비행사들은 유리 가가린처럼 안전하게 우주를 다녀오길 바라며 그의 행동을 전통처럼 따라 하고 있답니다.

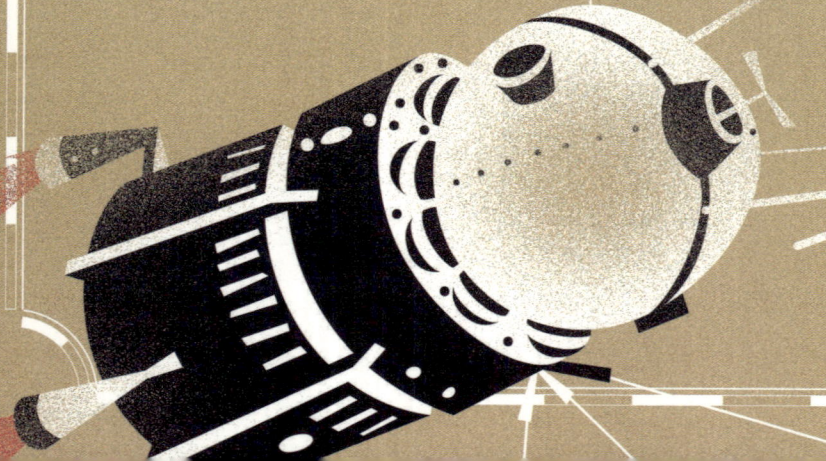

카시니호 (미국, 유럽)
토성 탐사선으로, 1997년 지구에서 출발하여 2004년 토성 궤도에 진입했어요. 카시니호는 토성의 위성인 타이탄으로 가 탐사체 호이겐스를 착륙시켰어요. 호이겐스는 토성과, 토성의 위성, 토성을 둘러싼 고리를 직접 관측하며 많은 것을 발견했답니다. 그 뒤 2017년 임무가 종료되며 우주에서 불타 사라졌어요.

보이저 2호 (미국)
소행성대 밖의 외행성 탐사선 중 하나랍니다. 1979년에 목성, 1981년에 토성, 1986년 천왕성, 1989년 해왕성을 지나가면서 많은 사진과 자료를 지구로 전송했어요. 이 탐사선에는 혹시 만나게 될지 모르는 외계인에게 보내는 메시지가 들어 있어요. 미국 대통령, 유엔 사무총장 등의 인사말을 비롯해 약 60개의 언어로 된 메시지와 90분 정도의 음악이 담겨 있지요. 우주에서 누가 이 탐사선을 발견하는 행운을 얻게 될까요?

갈릴레오호 (미국)
1989년에 발사되어 1995년 목성에 도착한 탐사선이에요. 목성의 위성을 발견한 천문학자 갈릴레오 갈릴레이의 이름을 따와 지었어요. 목성의 궤도를 돌면서 지구에 데이터를 보내다가 2003년 목성 대기권에서 마찰열에 의해 파괴되었답니다.

뉴 호라이즌스호 (미국)
인류 최초의 무인 소행성 탐사선으로, 2006년 명왕성과 그의 위성인 카론을 탐사하기 위해 발사되었어요. 시속 58,536km로, 지구에서 쏘아 올린 비행 물체 가운데 가장 빠르답니다. 뉴 호라이즌스호에는 미국 국기와 동전, 명왕성이 그려진 미국 우표 등이 들어 있어요.

사람보다 먼저 우주로 간 동물들
우주로 날아간 최초의 생물체는 인간이 아니었어요. 우주선은 안전한지, 도착할 우주는 위험하지 않은지 알 수 없었기 때문에 처음부터 우주로 사람을 보낼 순 없었지요. 그래서 먼저 동물들을 보냈답니다. 안타깝게도 가장 먼저 우주로 간 동물은 살아서 돌아오지 못했어요. 소련의 '라이카'라는 개인데, 1957년 스푸트니크 2호에 탑승해 1주일간 우주를 비행한 후 그곳에서 생을 마감했답니다. 그 후 1959년에는 미국의 '미스 베이커'라는 이름의 원숭이가 AM-18 로켓을 타고 우주여행을 마쳤고, 1961년에는 미국의 '햄'이라는 이름의 침팬지가 머큐리-레드스톤 2호를 타고 우주로 갔다가 무사히 돌아왔어요.

지름
북극을 출발해서 지구의 적도를 지나 남극에 도달하는 끈이 있다고 상상해 보세요. 지구의 지름을 나타내는 이 끈의 길이는 약 12,713km예요. 그런데 지구는 축구공처럼 동그랗지 않고, 살짝 찌그러진 타원형이랍니다. 그래서 적도를 기준으로 지름을 재면 약 12,756km로, 앞서 말한 끈의 길이와 달라요.

사막
사막은 물이 거의 없는 곳이라서 아주 적은 수의 동물과 식물만이 살아남아 있어요. 남북극을 제외하고 아프리카에 있는 사하라 사막이 세상에서 가장 큰 사막이고, 칠레에 있는 아타카마 사막은 가장 건조한 곳이지요.

북극해
오대호
대서양
다뉴브강
태평양
사하라 사막
나일강
아마존강
아타카마 사막

대륙
바다로 둘러싸인 커다란 육지를 대륙이라고 해요. 지구에는 아시아, 유럽, 남아메리카와 북아메리카, 아프리카, 남극 대륙, 오스트레일리아, 이렇게 총 7대륙이 있어요. 이 중에 반 이상이 북반구에 있답니다.

물
지구의 약 70%가 물로 덮여 있어요. 전체 물의 양이 무려 13억 360km³나 되지요! 그런데 우리가 직접 사용하는 물은 많지 않아요. 97%가 바닷물이고, 2%는 높은 산이나 극지방의 빙하로 얼어붙어 있어서 마실 수 있는 물의 양은 1% 밖에 안 된답니다.

푸른 행성
지구

우리는 지구에 살고 있어요. 지구는 현재 태양계 안에 생명체가 살 수 있는 유일한 행성이에요. 왜냐하면 지구에는 무엇보다 사람이 살아가는 데 꼭 필요한 물이 충분하게 있거든요. 지구 표면 면적의 70%가 대양(바다)이고, 30%가 대륙(육지)이어서, 우주 공간에서 지구를 바라보면 푸른색으로 보인답니다. 우리가 지구를 '물의 행성'이나 '푸른 행성'으로 부르는 이유지요. 이곳에서 우리는 잠도 자고, 밥도 먹고, 학교도 가고, 여행도 하고, 하늘의 구름도 바라보며 살아가요.

지구 신분증

유형	암석형
태양과의 거리	1억 5,000만 km 떨어진 세 번째 행성
지름	12,756km
공전 주기	365일
자전 주기	24시간
위성 개수	1개(달)

무서운 빛 오염
광공해

우주 공간에서 밤이 된 지구를 바라보면 작은 불빛이 가득해요. 그런데 이건 밤하늘의 별빛이나 달빛처럼 자연스럽고 편안한 빛이 아니랍니다. 왜냐하면 컴컴한 게 당연한 밤을 낮처럼 환하게 밝히기 위해 인간들이 인위적으로 만든 빛이기 때문이에요. 예를 들어 길거리의 가로등과 실내의 형광등 같은 야간 조명, 광고를 위한 네온사인 등이 대표적인 인공조명이지요. 그렇다 보니 지금 이 지도에서처럼 산업화가 조금 더 이루어진 지역에 빛이 집중될 수밖에 없어요. 이런 곳에서는 필요 이상의 빛으로 인해 생태계 교란, 에너지 낭비 등의 문제가 발생한답니다.

북아메리카
미국과 캐나다 등이 있는 북아메리카의 빛은 아주 넓게 퍼져 있어요. 도시화와 산업화가 많이 이루어진 곳에 사는 사람들은 밤도 낮처럼 환하게 보낼 수 있어 편리할 거예요. 하지만 잠을 제대로 잘 수 없어 피곤하지 않을까요?

사막
사막은 지구에서 가장 어두운 곳이에요. 광공해가 거의 없다고 보아도 좋아요! 그래서 많은 천문학자들은 사막에 망원경을 설치해 놓았답니다. 대표적으로 칠레의 아타카마 사막은 천문학자들에게 인기 장소예요!

남아메리카와 아프리카
이 두 대륙은 지구에서 어두운 편에 속한답니다. 두 곳 모두 남반구에 있지요. 실제로 광공해는 남반구에 비해 북반구에서 더 격렬하게 나타나요.

광공해가 주는 피해
인공조명 덕분에 우리는 편리하게 생활하고 있어요. 하지만 너무 과하면 문제가 돼요. 예를 들어 인간이나 식물, 동물은 낮과 밤의 주기에 적응하며 살아가는데, 밤낮 할 거 없이 과한 빛은 그 리듬을 깨뜨린답니다. 인간은 수면의 질이 떨어지고, 식물은 정상적으로 자랄 수 없으며, 동물은 먹이 사냥이나 짝짓기 등을 제대로 할 수 없어 생태계가 파괴되지요. 또 불빛 때문에 천체를 관측하고 기상을 예측하는 게 힘들어져요.

대한민국
우리나라는 국토 면적에 비해 인공조명이 굉장히 많아요. 은하수를 거의 볼 수 없을 정도로 광공해가 심하답니다.

홍콩
반짝이는 밤거리가 유명한 도시인 만큼, 광공해가 매우 심해요.

싱가포르
나・라 전체가 광공해 지역이에요.

사우디아라비아
광공해로 인해 고통받는 사람들이 가장 많은 국가래요. 우리나라처럼 은하수는 거의 볼 수 없지요.

오세아니아
광공해가 덜한 대륙이에요. 도시화와 산업화가 안 되었다기보다 넓은 국토 면적에 비해 빛 공해 면적이 적기 때문이랍니다.

광공해 정도를 알려 주는 은하수

은하수는 밤하늘을 가로지르는 매우 아름다운 하얀색 띠예요. 그런데 광공해가 심한 곳에서는 야간 조명 때문에 은하수의 빛이 묻혀 버려 볼 수가 없지요. 이런 이유 때문에 은하수가 보이느냐 안 보이느냐로 광공해 정도를 알 수 있답니다. 우리나라는 은하수를 거의 볼 수 없을 정도로 광공해가 심하다고 하는데, 여러분이 한번 밤하늘에서 은하수를 찾아볼래요?

달의 앞면

비의 바다
맨눈으로도 잘 보이는 곳으로, 폭풍의 바다에 이어 두 번째로 넓은 바다랍니다. 그동안 아폴로 15호, 청어 3호 등 많은 탐사선이 이곳에 착륙하여 달을 관측하였어요.

코페르니쿠스 크레이터
달 표면에 운석이 떨어져서 생긴 구덩이인 크레이터로, 지름이 약 93km이며 평균 깊이가 3,760m나 되지요! 아마 소행성이나 혜성이 부딪쳐서 만들어졌을 거예요.

아펜니노산맥
달에서 가장 위풍당당한 산맥이에요. 대략 1,000km 정도로 펼쳐져 있고, 높이 4,000m가 넘는 산봉우리들이 줄지어 있답니다.

알프스산맥
피쿠산
아르키메데스 분화구
케플러 분화구
맑음의 바다
증기의 바다
위기의 바다
고요의 바다
폭풍의 대양
풍요의 바다

프톨레마이오스 크레이터
가장 오래된 분화구예요. 지름은 대략 160km 정도로 넓어서, 하루 종일 걸어도 다 구경할 수 없을 거예요.

구름의 바다

스트레이트 벽
'일직선의 벽'이라는 뜻의 높은 벽이에요. 전체 길이는 약 130km이고, 높이는 240m 정도랍니다.

라이프니츠산맥
달에는 높은 산이 많아요. 가장 높은 산은 11,350m에 이른답니다. 지구에서 가장 높은 산인 에베레스트산의 높이가 8,848m인 것을 감안하면 어마어마하지요.

지구의 자연 위성
달

달은 지구를 돌고 있는 유일한 자연 위성이에요. 지구에서 가장 가까운 거리에 있는 천체인 만큼 어렵지 않게 밤하늘에서 볼 수 있지요. 달빛이 참 아름답다고요? 하지만 사실 달은 태양이 내는 빛을 반사해 밝아 보이는 것일 뿐, 혼자서 빛을 발하는 천체가 아닙니다. 그런데 달은 지구와 닮은 점이 있어요. 바로 바다와 육지로 이루어졌다는 거예요. 보통 달의 앞면에 있는 바다가 뒷면의 바다보다 훨씬 크고 많아요. 또 산맥과 크레이터(분화구) 등의 육지는 남반구보다는 북반구에 많답니다. 그런데 재밌는 점은 우리가 달의 앞면만 보고 있다는 거예요. 왜냐하면 달은 자전 주기와 공전 주기가 같아서 우리가 보는 달의 모습은 항상 같은 면이지요. 성능 좋은 망원경을 가져와도 달의 뒷면은 절대 볼 수 없어요.

달이 지구의 그림자에 가려지는 현상: 월식

달이 지구 궤도를 돌다가 태양, 지구, 달의 순서로 나란히 놓일 때가 있어요. 이때 달이 지구의 그림자 속에 들어가 달이 가려지는데, 이를 '월식'이라고 합니다. 달이 완전히 가려지면 '개기 월식', 달의 일부가 가려지면 '부분 월식'이라고 하며, 약 3시간 정도 진행되지요. 그런데 월식이 일어나는 동안 달은 붉게 보여요. 이는 푸른색 빛은 대기 중에서 산란하여 달에 도달하지 못하지만, 대기를 잘 통과하는 붉은색 빛은 달까지 퍼지기 때문에 달이 붉게 물들게 되는 거예요. 옛날에는 이렇게 붉은 달을 피로 물든 달이라 여겨 불길한 징조로 보았답니다.

달의 뒷면

캠벨 크레이터

모스크바의 바다
1959년 소련의 무인 달 탐사선 루나 3호가 최초로 달의 뒷면을 촬영했어요. 이 명성 덕분에 '모스크바의 바다'로 불린답니다.

코르디예라산맥
이 넓은 산맥은 동쪽의 바다 가장자리를 감싸고 있습니다.

멘델레예프 크레이터

동쪽의 바다
산들로 이루어진 동심원이 겹겹으로 둘러싸고 있어요. 마치 황소의 눈처럼 보이지요. 외진 곳에 있다 보니 관측하기 힘들어 알려진 사실이 별로 없답니다.

가가린 크레이터

코롤료프 크레이터

아폴로 크레이터

지혜의 바다

남극 에이트켄 분지
소행성 충돌로 생긴 아주 큰 크레이터 분지예요. 지름이 무려 2,500km로, 달 뒷면의 1/3 가까이 덮고 있어요. 온전한 형태로 발견된 태양계 충돌 지형 중에서 가장 큽니다!

달의 위상
달은 매일매일 다른 모습으로 나타나요. 달이 모양을 바꾸는 것처럼 보이지만, 달은 변함없이 동그란 모습 그대로랍니다. 단지 달이 지구 주변을 공전할 때 지구에서 바라보는 방향에 따라, 태양 빛을 받아 밝게 보이는 달의 면이 다른 모양으로 보이는 것이지요. 그리고 북반구에서 볼 때와 남반구에서 볼 때에 따라 변하는 방향은 서로 반대예요.

신월(삭)

초승달

상현달

상현망(차오르는 달)

보름달(망)

하현망(기우는 달)

하현달

그믐달

달 신분증

지구와의 거리	38만 4,400km
질량	$7,350 \times 10^{22}$kg
지름	3,476km
공전 주기	27일 8시간
자전 주기	27일 8시간
평균 온도	영상 120℃~영하 200℃
중력	지구 중력의 1/6

루나 1호(소련)
1959년 달에 가까이 다가간 첫 번째 탐사선이에요. 달의 표면에 착륙하지는 못했지만, 달의 지표면에서부터 약 6,000km 떨어진 곳까지 접근했어요.

루나 2호(소련)
루나 1호가 발사되고 몇 달 뒤, 루나 2호가 우주로 출발했어요. 처음으로 달에 착륙한 탐사선이랍니다!

루나 10호(소련)
1966년 발사된 루나 10호는 처음으로 달 궤도를 완벽하게 한 바퀴 돌았어요.

비의 바다

아폴로 15호

아폴로 15호(미국)
1971년 처음으로 달에 바퀴 달린 월면차 로버를 싣고 갔어요. 로버는 우주 비행사들이 달에서 최대 9.6km까지 이동할 수 있게 해 주었어요.

달에 도착한 우주선

"한 인간에게는 작은 한 걸음이지만 인류에게는 위대한 도약이다." 1969년 인류 최초로 달 표면을 밟은 닐 암스트롱이 한 말이에요. 1958년 시작된 달 탐사는 초반에는 달 가까이 가서 관측하거나, 무인 탐사선을 보내는 정도였어요. 물론 지금도 태양계에서 지구 이외에 인간이 거닐었던 행성은 달뿐이에요. 우리 지구와 가까운 위성이어서 그런지, 달까지 가는 데 대략 3일 정도밖에 안 걸린다고 해요. 생각보다 가깝지요? 지금은 중국, 일본, 인도 등 신흥 우주 개발국까지 달 탐사에 참여하고 있어요. 위에 표시한 부분은 그동안 달 탐사선이 착륙했던 지점이에요. 어디에 가장 많은지 한번 볼까요?

태양계 지도

우리가 사는 지구는 태양계 안에서 태양의 둘레를 공전하는 행성이에요. 그럼, 태양계에 지구만 있냐고요?
물론 아니지요. 태양과 가까운 순서대로 수성, 금성, 화성, 목성, 토성, 천왕성, 해왕성이 있답니다.
모두 태양 주위 궤도를 돌고 있어요. 지구에서 맨눈으로도 볼 수 있지만, 아주 작아서 구석구석 상세히
알 수 없어요. 그래서 태양계가 궁금한 인간들은 우주선과 인공위성을 쏘아 올려 행성에 대해 많은 사실을
알아냈답니다. 그럼 지구와 함께 있는 태양계 행성들을 차례로 만나 볼까요?

반구 1

북극
수성의 북극은 기온이 영하 220°C부터 영상 126°C 정도로 변화가 커요. 극지방의 분화구에는 태양 빛이 들지 않아 언제나 어둠이 가득하답니다.

온도 변화
수성에는 대기가 거의 없기 때문에 열을 저장할 수 없어요. 그래서 태양 빛을 받으면 온도가 427°C까지 오르지만, 태양이 저물고 나면 영하 183°C까지 내려가지요. 온도 변화가 매우 큰 행성이랍니다.

판테온 포사이

스키아파렐리산맥

앗제 크레이터

칼로리스 분지
수성에서 가장 큰 충돌 지형으로, 지름이 약 1,300km예요. 높이가 2km 정도 되는 산으로 된 동심원 형태의 고리로 둘러싸여 있답니다. 화산 활동으로 흘러내려 굳은 용암이 덮여 있어요.

톨스토이 크레이터
《전쟁과 평화》 등의 작품을 쓴 러시아 작가 레프 톨스토이의 이름을 딴 크레이터로, 지름이 대략 400km예요. 산으로 이루어진 2개의 고리(환)가 있답니다.

모차르트 크레이터

바쇼 크레이터

도스토옙스키 크레이터
이 거대한 크레이터는 《죄와 벌》 등의 대작을 쓴 러시아 작가 표도르 도스토옙스키의 이름으로 지었어요. 이렇게 수성에는 유명한 예술가의 이름을 붙인 크레이터들이 참 많답니다.

태양과 가장 가까운 수성

수성은 태양과 가장 가까이에 있어요. 또 크기가 대서양만 할 정도로 작은 편이며, 태양계 행성 중에서 가장 빠른 속도로 태양 주변을 공전하고 있지요. 그래서 그리스 신화 속에서 신들의 발 빠른 심부름꾼인 헤르메스의 이름을 가져와 영어로 '머큐리(Mercury)'라고 부른답니다. 수성은 대기가 희박하고, 달처럼 크고 작은 크레이터들로 뒤덮여 있다는 것 외에 태양계 다른 행성들보다 알려진 게 거의 없어요. 왜냐하면 태양과 가장 가까워서 가까이 다가가기 어렵거든요.

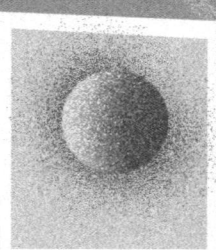

수성 신분증

유형	암석형
태양과의 거리	5,790만 km 떨어진 첫 번째 행성
지름	4,880km
공전 주기	88일
자전 주기	58일
평균 온도	179°C
위성 개수	없음

반구 2

안토니아디산맥 & 스키아파렐리산맥
이 두 산맥은 각각을 발견한 천문학자의 이름으로 지었어요. 그중 안토니아디산맥은 길이가 450km에 달한답니다.

안토니아디산맥

프루스트 크레이터
지오토 크레이터
차이콥스키 크레이터
티치아노 크레이터
칼비노 크레이터
호메로스 크레이터
라벨 크레이터
무라사키 크레이터
입센 크레이터

풀러 크레이터
미국의 무용가 로이 풀러의 이름을 붙인 크레이터예요. 태양 빛을 전혀 받지 않는 곳이며, 밝고 어두운 물질이 섞여 있어요. 천문학자들은 이 크레이터가 거대한 얼음 바위와 충돌하면서 생겨났고, 밝은 부분에는 아마도 얼음이 있을 것으로 예상해요.

카이퍼 크레이터
운석과의 충돌로 인해 만들어진 분화구로, 지름이 약 65km 정도예요. 수성에서 예술가의 이름이 아닌 천문학자의 이름을 붙인 유일한 크레이터랍니다.

링클 리지
수성에는 주름이 있어요. 달과 화성, 목성에서도 볼 수 있지요. 수백 킬로미터씩 길게 뻗은 거대한 절벽인데, '링클 리지'라고 부른답니다. 보통 낮은 지대에 있는데, 뜨거운 용암이 냉각되었다가 수축하면서 표면에 균열이 생겨 주름이 잡힌 것으로 보여요. 마치 피부에 튀어나온 정맥 같아서 '베인(vein)'이라고도 해요.

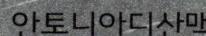

태양 면을 통과하는 수성

수성은 태양과 지구 사이에서 회전하고 있어요. 그러다가 수성이 태양과 지구 사이에 일직선으로 놓일 때가 있는데 이때 태양 면을 통과하는 수성의 모습을 관측할 수 있답니다. 보통 100년에 12번 정도 볼 수 있어요. 달은 지구와 가까이 있어서 태양 빛 전체를 가리는 개기 일식이 가능하지만 수성은 지구와 멀리 있고, 태양계에서 가장 작은 행성인 만큼 검은 점이 움직이는 것처럼 보인답니다.
지난 2019년에 이어, 앞으로 2032년에 한 번 더 볼 수 있다고 하니 기대해 볼까요?

반구 1

이슈타르 테라
오스트레일리아보다 조금 더 큰 대륙으로, 락슈미고원과 맥스웰산맥이 있어요. 바빌로니아 신화에 나오는 전쟁과 사랑의 여신 이름으로 불린답니다.

맥스웰산맥

행운의 지역

남다른 자전 방향
정말로 희한한 행성이에요. 반시계 방향으로 자전하는 다른 행성들과 달리 금성은 시계 방향으로 돌고 있거든요. 그래서 금성에서는 해가 서쪽에서 뜨고 동쪽으로 지는 특별한 현상을 볼 수 있답니다.

시프산 **굴라산**

미드 크레이터

락슈미고원
금성에서 가장 고지대로, 힌두교 신화 속 풍요의 여신 락슈미의 이름을 가져와 지었어요. 지구의 티베트고원처럼 판들이 서로 부딪히면서 땅이 우뚝 솟아 생겼답니다.

항아 카스마

알파 지역
몇몇 화산들은 가운데에 종기처럼 볼록 튀어나온 원형 언덕이 자리 잡고 있어요. 이건 마그마가 지표면을 밀어 올리면서 형성된 것으로 보여요.

디오네 지역

이브 코로나

용암의 강
금성에서 가장 넓게 용암이 펼쳐진 지역이에요. 세로 1,250km에, 가로 500km나 된답니다.

빛나는 행성
금성

금성은 해 뜨기 전과 해가 진 후 관찰할 수 있는 행성이에요. 금성은 별명이 몇 개 있는데, 새벽에 빛을 낸다는 점에서 '샛별', 개가 저녁밥을 기다릴 때 보인다는 점에서 '개밥바라기 별'로 불린답니다. 그렇게 빛을 발하는 모습이 아주 아름다워서 그리스 신화 속 아름다움의 여신인 '베누스'의 이름을 가져와 '비너스(Venus)'라고 불렀어요. 그럼 금성이 빛나는 이유는 무엇일까요? 금성을 덮은 두꺼운 구름이 태양 빛을 반사하기 때문이에요. 그래서 지구에서도 반짝이는 금성을 볼 수 있지요.
이 빛나는 행성에 가 보고 싶다고요? 하지만 포기하는 게 좋을 거예요. 금성 대기는 이산화탄소가 가득하며, 바람도 시속 700km로 불고, 게다가 너무 뜨겁기 때문에 그곳을 산책한다는 건 불가능하답니다.

금성 신분증

유형	암석형
태양과의 거리	1억 8백만 km 떨어진 두 번째 행성
지름	12,104km
공전 주기	225일
자전 주기	243일
평균 온도	470℃
위성 개수	없음

반구 2

발티스 계곡
6,800km 길이의 계곡인데, 태양계 전체에서 가장 길답니다. 화산 분출로 흘러내린 용암이 지나면서 만들어진 것으로 보여요.

골루브키나 크레이터
러시아의 조각가 안나 골루브키나의 이름을 붙인 크레이터예요. 운석이나 혜성과의 충돌 후 깊은 구멍이 생기며 계단식 내벽이 만들어졌는데, 그 모양이 마치 훌륭한 조각가가 다듬은 것처럼 정교해서 붙여진 이름이랍니다.

니오베 평원의 화산

사파스산
태양의 여신 이름을 붙인 화산이에요. 하와이에 있는 마우나케아산과 비슷하게 생겼어요. 위쪽에 지름이 400km 정도 되는 칼데라를 가지고 있거든요.

아프로디테 테라
그리스 신화 속 아름다움과 사랑의 여신 아프로디테의 이름을 가져왔어요. 남아메리카 정도 크기의 대륙으로, 이 지역의 암석 온도가 주변보다 30℃ 정도 더 낮다고 해요.

다이애나 카스마
깊이 2km, 길이 280km로 아주 특이한 모양의 협곡이에요.

아르테미스 카스마

여인들의 행성
금성을 아름다움의 여신 '비너스'로 부르는 만큼 이 행성 대부분의 지형에는 유명한 여성들의 이름이 붙여졌어요. 락슈미, 아프로디테, 아슈타르, 사파스 등 여러 나라 신화 속 여신의 이름을 가져왔지요. 우리나라 여성 신사임당과 황진이 이름이 붙은 곳도 있답니다. 한번 가보고 싶지 않으세요?

화산들의 행성
금성에는 크레이터가 많지 않아요. 금성의 두꺼운 대기가 소행성의 속도를 늦추면서 충돌을 막아 주거든요. 대신 금성은 태양계에서 화산이 가장 많은 행성이랍니다. 지구 밖에 화산이 있다니, 놀랍다고요? 더 놀라운 점은 대부분이 지구에 있는 화산보다 훨씬 큰 활화산이라는 거예요. 100km 넘게 뻗은 커다란 화산이 100개 이상 관측되었으며, 대부분이 현재 분출 중이거나 조만간 분출할 것으로 보이는 활화산이랍니다. 표면에 넓고 길게 흐르는 강을 볼 수 있는데, 이 강은 물이 아닌 용암이 흐르고 있는 거예요. 그래서 행성 전체가 황색과 적색을 띠고 있지요.

반구 1

올림포스 화산
태양계에서 가장 높은 화산이자 두 번째로 높은 산이에요. 높이가 약 27km이고 지름은 600km가 훌쩍 넘는답니다.

북극
북극과 남극에는 물이 많아요. 특히 극지방에는 물과 이산화탄소가 얼어서 형성된 얼음이 돔 모양으로 존재하는데, '빙관' 혹은 '극관'이라고 부른답니다. 계절의 변화에 따라 이 얼음의 면적이 줄었다 커졌다 해요.

크리세 평원

사이도니아 지역

아레스 계곡

아르시아 몬스 화산
높이 19km에 이르는 화산으로, 아랫부분에 7개의 커다란 동굴이 발견되었어요. 화성에도 이렇게 큰 화산들이 있지만, 금성처럼 현재 활동 중인 건 없답니다.

매리너 계곡
길이 5,000km, 너비 500km, 깊이 5~6km의 계곡이에요. 이 지형을 처음 발견했던 미국의 탐사선 매리너 9호에서 이름을 가져와 지었답니다.

데이모스(위성)

포보스(위성)

붉은 행성
화성

아주 옛날부터 사람들은 붉은색을 띤 화성에 관심이 많았어요. 화성을 보고 있으면 피로 물든 전쟁터가 떠올랐거든요. 그래서 로마인들은 그리스 신화 속 전쟁의 신 아레스의 이름을 가져와 '마르스(Mars)'라고 불렀답니다. 그리고 신화 속 아레스의 두 아들 포보스와 데이모스는 화성 주위를 돌고 있는 두 위성의 이름이 되었어요. 그런데 화성은 '제2의 지구'로 불리는 행성이에요. 자전 주기나 자전축이 지구와 비슷하며 지구처럼 산, 계곡 등을 갖추고 있거든요. 하지만 기온이 매우 낮고, 대기에 인간이 숨을 쉴 수 없는 이산화탄소가 가득해 사람이 살 수 없어요.

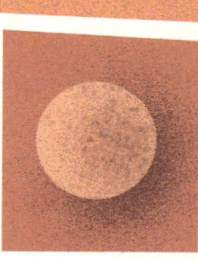

화성 신분증

유형	암석형
태양과의 거리	2억 2,800만 km 떨어진 네 번째 행성
지름	6,796km
공전 주기	687일
자전 주기	24시간 37분
평균 온도	영하 80℃
위성 개수	2개(포보스, 데이모스)

반구 2

화성의 하늘
화성에서 바라보는 하늘은 붉은색이에요. 화성의 대기에 먼지가 매우 많아서, 그 속에 있는 철의 산화물들이 대기에 매달려 있기 때문에 붉게 보이는 거랍니다.

북극의 분지
운석이 충돌하여 만들어진 지형으로, 지름이 1만 km나 돼요. 아시아와 유럽, 오스트레일리아를 모두 합친 것보다 넓은 면적이지요.

아타바스카 계곡
아타바스카 계곡 근처에 용암 소용돌이가 있어요. 엘리시움산맥의 화산이 용암을 다른 속도로 뿜어내기 때문이랍니다. 가장 빠른 용암이 가장 느린 용암 주위를 휘감기 때문에 나선 모양이 만들어진 거예요.

시르티스 메이저 평원
용암으로 뒤덮인 화산 구역이에요. 적도에서 북쪽으로 1,500km가 넘게 펼쳐져 있답니다. 17세기 천문학자에 의해 발견된 최초의 화성 표면이에요.

게일 크레이터

엘리시움 평원
그리스 신화 속 이상향을 의미하는 곳이에요. 화성에서 두 번째로 넓은 화산 지역이며 얼음으로 된 바다로 덮여 있답니다.

케르베로스 수로
1,000만 년 전 화산이 폭발하면서 갈라진 부분으로, 길이가 약 1,300km예요. 한때 물이 흘렀던 이 수로 안에 용암이 흘러 들어가면서 균열이 발생했지요.

제2의 지구, 화성
화성은 지구랑 너무나도 많이 닮았어요. 화성의 하루는 24시간 37분이라 지구의 24시간과 비슷하고, 자전축은 25도 기울어져 있어서 지구의 기울기 23.4도와도 비슷하답니다. 그뿐만 아니라 사계절이 있고, 남반구와 북반구가 얼음으로 덮여 있는 것도 같지요. 그래서 오래전부터 인간들은 화성 탐사 계획을 적극적으로 추진했어요. 그런데 화성으로 탐사선을 보내는 게 조금 까다로워요. 지구와 화성은 각각 태양을 돌기 때문에 두 행성의 거리가 일정하지 않거든요. 보통 780일 만에 한 번씩 가까워지는데, 그때 맞춰 보낸답니다.

태양계에서 가장 높은 화산
올림포스 화산은 태양계에서 가장 높은 화산이에요. 지구에서 가장 높은 산인 에베레스트산보다 3배 이상 높답니다. 왜 이렇게 크냐고요? 화성은 지구보다 중력의 영향이 적다 보니 화산도 크게 생성될 수 있었지요. 또 화산체의 전체 면적이 프랑스 국토 면적과 비슷할 정도로 크며, 태양계에서 가장 큰 분화구도 가지고 있답니다.

피닉스(미국)
2008년 화성에 도착해 물을 수집한 최초의 우주선이에요. 얼음 섞인 흙을 녹여서 물을 추출하였지요. 5개월 뒤 임무 수행 중 태양 패널이 고장이 나면서 더 이상 지구에 메시지를 보낼 수 없었어요.

피닉스
크리세 평원
올림포스 화산
마스 패스파인더
아레스 계곡
바이킹 1호

바이킹 1호와 2호(미국)
1975년에 발사된 이 착륙선들은 1976년 7월 무사히 표면에 착륙했어요. 바이킹 1호는 북위 20도, 바이킹 2호는 북위 47도 지점에 착륙해 토양을 채취해 온도를 측정하며 분석했답니다. 여러 개의 로봇팔이 유용했어요.

아르시아 몬스 화산
매리너 계곡
오퍼튜니티

미래를 위한
화성 탐사

과연 화성에 놀러 갈 수 있는 날이 올까요? 무슨 말이냐고요? 전 세계는 지금 화성 탐사 경쟁이 한창이거든요. 화성에 정착할 지구인을 선발하고, 화성 식민지를 건설하겠다는 등 포부가 대단합니다. 〈마션〉, 〈인터스텔라〉, 〈화성 침공〉, 〈우주 전쟁〉처럼 화성을 소재로 한 영화도 참 많지요. 화성 탐사는 1964년 11월 28일 매리너 4호부터 시작됐어요. 매리너 4호는 1965년 7월 화성으로부터 9,844km 떨어진 곳에 접근해 총 22장의 화성 사진을 찍었어요. 그 후 궤도를 도는 궤도선, 행성에 내리는 착륙선, 탐사 차량 로버까지 아주 다양하게 화성 탐사에 나서고 있답니다. 현재는 미국 항공 우주국의 인사이트호와 퍼서비어런스호가 화성에서 임무를 수행 중이지요.

매리너 4호(미국)
화성에 가까이 다가간 최초의 탐사선이에요. 매리너 4호가 찍은 사진들은 8시간 후 지구에서 받아 볼 수 있었어요. 그런데 화성에는 생각했던 것보다 크레이터가 가득하고, 산소도 희박하다는 것을 알아냈어요. 이에 과학자들은 실망이 컸지요. 왜냐하면 화성에서 생명체의 흔적을 찾아 미래에 인간이 화성으로 이주할 수 있게 준비하려고 했거든요.

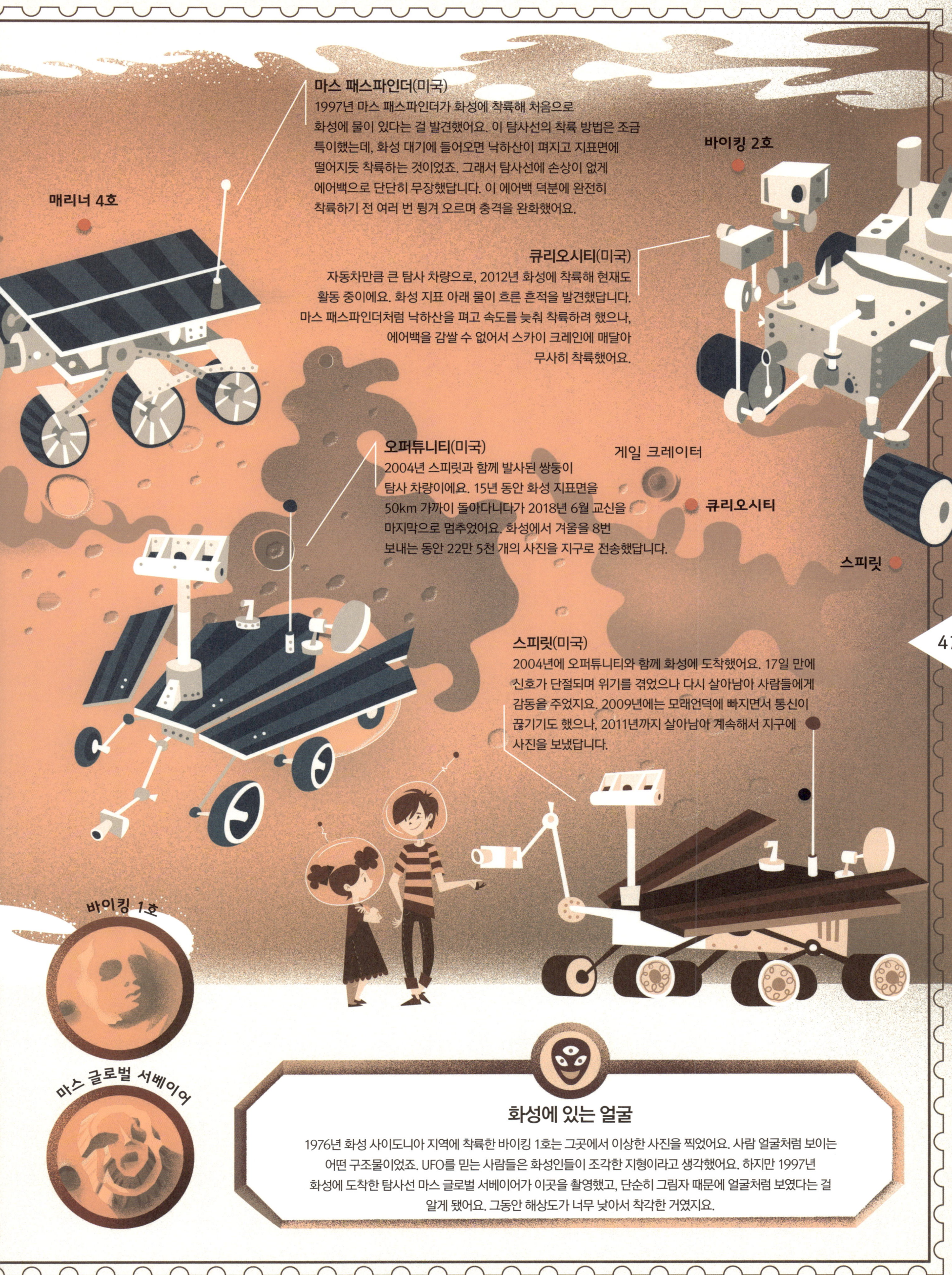

강력한 자기장

목성은 지구보다 14배 강한 자기장을 가지고 있어요. 목성의 자기장은 토성까지도 뻗을 정도지요. 그런데 지구의 자기장과 방향이 반대예요. 즉 지구에서 나침반 바늘의 N극(붉은색 부분)이 항상 북쪽을 가리킨다면, 목성에서는 남쪽을 가리킨다는 의미지요.

극지방의 소용돌이

목성에서는 극지방을 탐사할 수 없어요. 목성이 가스형 행성이라서도 있지만, 지구만큼 큰 태풍이 몰아치기 때문이에요. 실제로 남극과 북극에 거대한 소용돌이들이 모여 서로 비벼 대고 있답니다. 이곳에서는 시속 350km의 바람이 불어요. 만약 여러분이 그곳에 있다면 이미 순식간에 우주 저 멀리 날아가 버릴 거예요.

북극 지역
북쪽 온대 영역
북쪽 온대 띠
북쪽 열대 영역
북쪽 적도 띠
적도대
남쪽 적도 띠
남쪽 열대 영역
남극 지역

태양계에서 가장 큰
목성

목성은 태양계에서 가장 큰 행성이에요. 지름이 지구보다 무려 11배 정도 크지요. 게다가 중력은 지구보다 2.5배 이상 강해서 70kg인 사람이 목성에 가면 185kg이 된답니다. 목성의 어마어마한 인력은 소행성들의 궤도에도 영향을 미치는데, 소행성들의 공전을 교란하고 목성 쪽으로 끌어당겨 지구를 보호해 준답니다. 이 때문에 목성의 영문 명칭은 그리스 신화 속 최고의 신 제우스에 해당하는 로마 신화의 '주피터(Jupiter)'에서 유래했어요. 그런데 앞에서 본 행성들과 다른 점이 있어요. 목성은 가스형 행성이다 보니, 지표 위를 걸어 다닐 수가 없고 탐사 차량이 착륙하지 못한답니다. 또 산, 화산, 크레이터가 없고 구름과 폭풍우만 있어요.

목성에서는 걸어 다닐 수 없어요! 한 발짝만 디뎌도 밑으로 쑥 빠져 버릴 거예요.

목성 신분증

유형	가스형
태양과의 거리	7억 7,800만 km 떨어진 다섯 번째 행성
지름	14만 2,988km
공전 주기	12년
자전 주기	10시간
평균 온도	영하 145℃
위성 개수	92개

극지방 오로라
목성을 관찰하다 보면 극지방에서 벌어지는 신기한 현상에 깜짝 놀랄 거예요! 마치 불꽃놀이를 하는 것처럼 화려한 오로라를 볼 수 있거든요. 목성에 나타나는 오로라는 지구의 오로라보다 훨씬 크고 100배는 더 밝게 빛난답니다. 그럼 이런 현상은 왜 발생하는 걸까요? 목성의 많은 위성 중 하나인 '이오'에 화산이 있는데, 이곳이 폭발하면서 뿜어져 나온 입자들이 목성의 강력한 자기장을 따라 움직이다가 목성의 상층 대기와 부딪치면서 오로라를 만들어요.

대적점(대적반)
마치 커다란 눈처럼 보이는 이 거대한 붉은 반점은 사실 무서운 폭풍우 같은 대기의 소용돌이랍니다. 길이는 25,000km나 되고 너비는 12,000km예요. 지구 3개가 들어갈 정도로 크지요. 또 아주 깊어서 표면으로부터 300km 정도 패어 있는 것처럼 보여요. 현재 대적점은 크기가 줄고 깊어지는 중이랍니다.

헤일로 고리
목성 고리 중 가장 안쪽에 있으며, 목성 가까이 갈수록 두꺼워져요. 목성계 바깥에서 날아온 먼지 입자들과 위성의 충돌로 인해 생긴 먼지들로 이루어져 뿌옇답니다.

주 고리
목성 고리 중에서 가장 밝게 보이는 부분이에요. 두께는 6,000km로, 매우 얇은 편이지요.

고사머 고리
주 고리 바깥쪽에 위치하며 두께가 얇고 희박해요. 아말테아 고사머 고리와 테베 고사머 고리로 나누어진답니다.

줄무늬 행성
목성은 얼룩말처럼 줄무늬가 있어요. 어두운 줄무늬와 밝은 줄무늬가 평행으로 목성 전체를 휘감고 있지요. 이 같은 줄무늬는 온도 차로 인한 대류에 의해 생겨요. 즉 밝은 영역에서는 가스가 상승하고, 어두운 영역에서는 가스가 하강한답니다. 여기에 빠른 자전으로 대적점이라는 큰 소용돌이까지 만들어지는 거지요. 대적점은 크고 또렷해 아마추어용 망원경으로도 쉽게 볼 수 있어요.

목성의 고리들
토성에만 고리가 있다고 생각한 친구들이 많을 거예요. 보통 행성을 그릴 때 토성에만 고리를 그리곤 했지요. 그러나 토성의 고리가 두껍고 뚜렷할 뿐, 목성 또한 고리를 가지고 있답니다. 미국의 보이저 1호는 1979년 목성에 근접해 고리를 처음 발견했어요. 그렇게 11년이 지난 1990년, 갈릴레오호는 새로운 사실을 발견했어요. 목성의 고리가 크게 3개로 나누어져 있다는 사실이에요. 그리고 행성의 바깥쪽부터 고사머 고리, 주 고리, 헤일로 고리라는 이름을 붙였답니다.

목성의
갈릴레오 위성

이탈리아의 천문학자인 갈릴레오 갈릴레이는 1610년 1월 7일 목성 주변에서 4개의 위성을 발견했어요. 바로 '이오', '유로파', '칼리스토', '가니메데'랍니다. 그는 망원경으로 행성 주변에 있는 작은 점들을 발견했는데, 그 점들이 목성 궤도를 따라 움직인다는 걸 알아냈어요. 우리가 사는 지구가 우주의 중심(천동설)이라고 믿었던 사람들은 충격에 빠졌죠. 왜냐하면 지구의 위성은 달 하나뿐이거든요. 그 후로 현재까지 목성의 위성은 92개나 발견됐어요. 만약 옛날 사람들이 이 사실을 알게 된다면 깜짝 놀랄 거예요.

리네아
표면에 선 모양으로 난 균열이에요. 자세히 살펴보면, 양쪽 가장자리에서 얼음이 서로 엇갈려 이동한 흔적이 보여요.

유로파

프윌 크레이터
유로파에서 가장 젊은 크레이터예요. 지름이 약 25km이고 중심부에 600m 정도 솟아오른 봉우리가 있답니다.

간헐천
유로파 표면 아래에 바다가 있을 거라고 추측하는 부분이에요. 우주 망원경으로 관측한 결과, 목성의 인력으로 유로파의 표면에 균열이 생기면서 간헐천처럼 수증기가 솟아오르는 장면이 관측된 거예요. 이 말은 유로파에 물이 존재하며, 생명체가 살고 있을 확률이 높다는 뜻이랍니다.

보사울레산맥
높이 500km가 넘는 고원 위에 3개의 산이 있어요. 그중 보사울레산이 가장 높답니다.

이오

펠레 화산
이오에서 최초로 발견된 지형으로, 태양계에서 가장 뜨거운 용암을 내뿜어요.

로키 파테라
아주 거대한 용암의 호수예요. 종종 화산이 폭발하면서 흘러내린 용암이 호수를 만들기도 하거든요. 천문학자들은 이것을 바다에 넘실대는 파도와 비슷하다고 생각했어요.

에비아산
10km가 넘게 솟아오른 산봉우리를 중심으로 양쪽의 경사도가 달라요. 마치 정교하게 기울어진 테이블처럼 보인답니다.

이오
목성과 가장 가까이 있는 위성이에요. 그리스 신화 속 제우스의 연인 중 한 명이자 헤라의 여사제인 이오의 이름을 가져와 지었어요. 목성과 달리 암석형 행성과 비슷해서 400여 개의 화산을 가지고 있어요. 그중 150개 정도가 현재도 활발하게 활동 중인 활화산이에요. 목성의 중력에 가장 큰 영향을 받는 위성이기 때문에 용암과 파편이 깜짝 놀랄 정도로 많이 분출된답니다.

유로파
갈릴레이 위성 중 가장 작아요. 표면이 온통 얼음으로 덮여 있어 매끈하며, 운석 충돌 자국인 크레이터가 다른 위성에 비해 훨씬 적지요. 그 대신 선 모양의 불규칙한 균열이 많은 편이랍니다. 또 태양의 도움을 받아야만 빛을 발하는 달과 달리, 유로파는 스스로 형광의 푸른빛을 낼 수 있어요. 목성의 강한 자기장이 얼음으로 뒤덮인 유로파 표면에 전자를 복사해 스스로 빛을 내게 하는 거예요.

카테나
13개의 크레이터가 길게 늘어선 사슬형 충돌구예요. 혜성이나 목성의 인력 때문에 조각난 천체의 파편들이 서로 충돌하여 생긴 것으로 보고 있어요.

이그디어 크레이터
반할라 크레이터 근처에 있는, 지름 60km 정도의 충돌구랍니다.

갈릴레오 지역
갈릴레오 갈릴레이가 발견해서 그의 이름으로 불리는 평원이에요.

극지방 오로라
극지방에 흔들리는 오로라를 보고 가니메데에 바다가 있음을 추측할 수 있어요. 오로라를 만들어 내는 가니메데의 자체 자기장과, 목성의 강한 자기장과 마주한 바닷물에 만들어진 또 다른 자기장이 서로 마찰하면서 오로라가 흔들려요. 즉 바다가 있느냐 없느냐에 따라 오로라가 다르게 나타나지요.

칼리스토

발할라 크레이터
칼리스토에서 가장 큰 원으로 이루어진 크레이터예요. 주위 동심원까지 합한 지름이 1,600km에 이른답니다.

미미르 크레이터
발할라 크레이터 근처에 있는, 지름 50km 정도의 충돌구예요.

가니메데

우루크 홈
아주 깊은 고랑으로, 밝은 지형이에요. 갈릴레오 지역과 마리우스 지역을 나누고 있답니다.

마리우스 지역
약 4,900km 정도의 커다랗고 어두운 부분이에요. 독일의 천문학자 시몬 마리우스가 발견한 곳이랍니다.

오시리스 크레이터
가니메데의 수많은 크레이터 중 하나로, 남쪽 하단에 있어요. 이집트 신화 속 풍요의 신 오시리스의 이름을 가져와 지었어요.

가니메데
태양계에서 가장 큰 위성으로, 자체 자기장을 가지고 있어요. 질량은 달의 2배이며, 지름이 5,252km로 수성보다 더 크지요! 만약 가니메데가 태양 주위를 돈다면 행성으로 분류되었을 테지만, 현재 목성 궤도를 그리며 돌고 있어 위성이랍니다. 가니메데 표면은 어두운 부분과 밝은 부분으로 나뉘어요. 표면 1/3을 차지하는 어두운 부분에는 아주 오래전에 생긴 크레이터가 뒤덮고 있으며, 밝은 부분에는 균열과 능선이 가득해요.

칼리스토
가니메데 다음으로 큰 위성이에요. 갈릴레이 위성 중 가장 멀리 있어서 자기권이 약하답니다. 암석과 얼음이 같은 비율로 섞여 있고, 목성의 위성들 중 밀도가 가장 낮아요. 또 칼리스토의 표면은 태양계에서 가장 오래됐으며 크레이터도 제일 많지요. 여러분이 보는 밝은 점들이 모두 크레이터랍니다.

토성의 고리를 구성하는 것들

멀리서 본 것과 다르게 우주선을 타고 가서 직접 관측한 토성의 고리는 두꺼운 하나의 고리가 아니었어요. 수많은 얇은 고리들이 레코드판처럼 곱게 나열되어 있었지요. 토성의 고리는 적도면에 자리 잡고 있으며, 약 7만~14만 km까지 넓게 펼쳐져 있어요. 이 고리들이 어떻게 생긴 거냐고요? 많은 천문학자들은 토성이 만들어지고 남은 찌꺼기들이 고리를 이룬 것이라고 추측해요. 크고 작은 얼음덩어리가 대부분이고, 암석 물질이 소량 섞여 있답니다.

토성 또한 행성 내부에 자기장이 있는데, 목성처럼 지구의 자기장과 방향이 다르답니다.

A고리
가장 바깥쪽에 있으며 가장 밝은 고리예요. 두께는 10~30m 정도로 추정된답니다.

띠 모양의 대기
토성도 목성처럼 밝고 어두운 띠가 줄무늬처럼 나 있어요. 목성보다는 희미하지만, 적도 가까이에 있는 띠는 두껍답니다. 가끔 폭풍우 같은 대기의 소용돌이가 일어나요. 하지만 목성보다는 심하지 않아서 목성의 대적점에 비해 아주 작지요.

엥케 간극
고리들의 체계 안에 존재하는 비어 있는 공간으로 A고리 내에 있는 235km 폭의 틈이에요.

카시니 간극
A고리와 B고리 사이에 있는 4,800km 폭의 틈이에요. 토성에 있는 간극 중 가장 크지요. 지구에서 보면 검게 뚫린 빈 공간으로 보이지만, 사실 아주아주 작은 얼음 알갱이가 있는 고리라고 해요.

두꺼운 고리를 가진
토성

'토성' 하면 무엇이 떠오르나요? 아름다운 고리를 생각하는 친구들이 많을 거예요. 1610년 토성의 고리를 처음 발견한 사람은 갈릴레오 갈릴레이였어요. 그 당시 갈릴레이는 토성에 귀가 있다고 표현했어요. 행성의 한쪽에서 다른 쪽으로 솟아오른 귀처럼 보였거든요. 그 후 1959년 네덜란드 천문학자 호이겐스가 고리라는 것을 밝혀냈어요. 토성의 고리가 유명하긴 하지만, 토성만 고리를 가지고 있는 건 아니에요. 목성, 천왕성, 명왕성 등 가스형 행성은 고리가 있지요. 하지만 토성의 고리만큼 두껍지 않고 눈에 띄지 않답니다. 가끔은 토성의 고리가 사라진 것처럼 보이기도 해요. 토성의 자전축이 기울어져 있는데, 15년에 한 번씩 고리의 평면이 태양과 일치할 때는 고리가 보이지 않거든요.

토성 신분증

유형	가스형
태양과의 거리	14억 2,900만 km 떨어진 여섯 번째 행성
지름	12만 660km
공전 주기	29년
자전 주기	10시간 14분
평균 온도	영하 180℃
위성 개수	83개

극지방 오로라
지구와 비슷한 원인으로 만들어져요. 태양에서 나오는 입자의 흐름인 태양풍이 토성에서 나오는 자기장을 만나 이끌리면서 오로라를 만들어 냅니다.

대백점
목성에 대적점이 있다면 토성은 대백점이 있어요. 토성 북반구에 있는 거대한 하얀색 반점을 가리키지요. 소용돌이가 최대 시속 1,700~1,800km로 불며 만들어졌어요.

완벽한 공백
토성과 토성의 가장 안쪽에 있는 고리 사이는 완벽하게 비어 있어요. 아주 작은 얼음 입자조차도 없었지요. 2017년 카시니 탐사선은 이 공간을 무사히 통과하면서 토성 주변을 돌고 오는데 성공했어요.

B고리
토성의 고리 중에서 B고리가 가장 거대해요. 폭이 제일 크고, 가장 무겁지요. 또 제일 밝은데, 천문학자들은 그 이유를 밝히지 못했어요.

C고리
B고리 안쪽에 있는데, 폭은 넓은 편이지만 다른 두 개의 고리보다 상대적으로 희미하고 덜 밝아요.

타이탄

가장 큰 토성의 위성, 타이탄

토성의 위성은 몇십 미터의 작은 것부터 수성보다 지름이 큰 것까지 다양해요. 그리고 토성의 위성 개수는 자주 바뀌어요. 고리의 안과 밖에 위성이라고 생각될 만한 것들이 매우 많고, 천문학자들은 매년 새로운 위성을 발견하고 있거든요. 그중에 가장 큰 위성은 그리스 신화 속 거인의 이름을 가진 '타이탄'으로, 태양계에서 두 번째로 큰 위성이에요. 타이탄은 태양계 위성 중 유일하게 대기를 가졌는데, 대기는 오염된 도시의 대기보다도 더 짙답니다. 또 산소가 포함된 지구의 대기와 달리 전부 질소로 이루어져 있어서 지구에 비해 더 빡빡하고 불투명해요. 그래서 타이탄의 표면이 어떻게 이루어졌는지 알아내는 건 쉽지 않지요. 하지만 탐사선을 보내 지구처럼 호수, 강, 산, 모래언덕, 평원 등의 지형이 있다는 걸 발견했어요. 또 에탄과 메탄으로 이루어진 바다도 찾아냈답니다.

천왕성의 5대 위성

천왕성의 많은 위성 중 타이타니아, 오베론, 움브리엘, 아리엘, 미란다는 아주 오래전부터 알려진 유명한 위성이에요. 어디서 들어 본 것 같다고요? 영국의 위대한 작가 셰익스피어와 알렉산더 포프의 작품 속 등장인물 이름에서 따온 것이랍니다. 최근 천왕성의 5대 위성 지표 아래에 바다가 발견되면서 생명체가 살고 있을 가능성이 커졌어요.

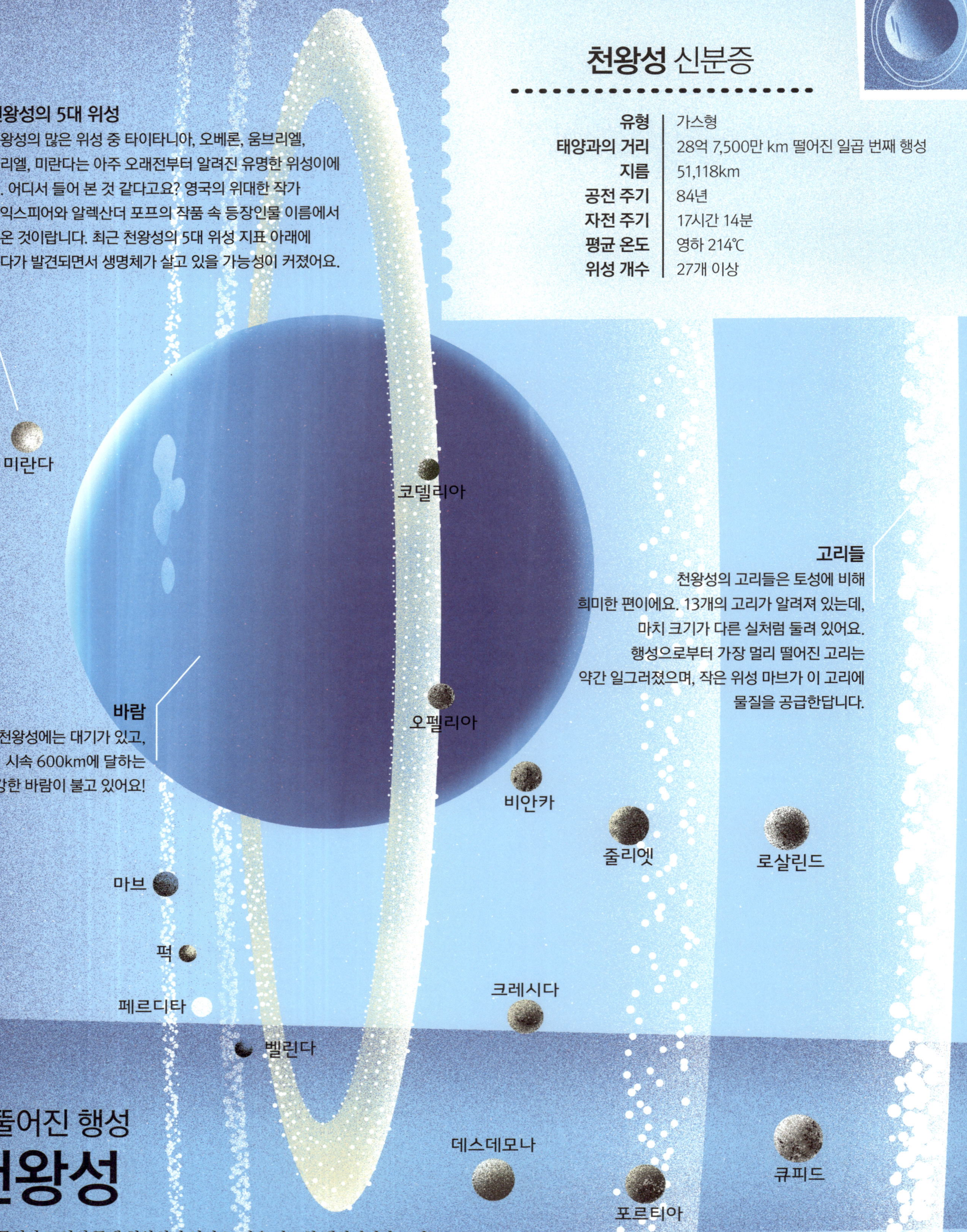

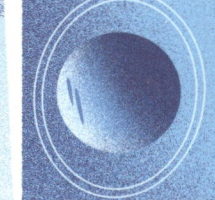

천왕성 신분증

유형	가스형
태양과의 거리	28억 7,500만 km 떨어진 일곱 번째 행성
지름	51,118km
공전 주기	84년
자전 주기	17시간 14분
평균 온도	영하 214℃
위성 개수	27개 이상

미란다

코델리아

고리들
천왕성의 고리들은 토성에 비해 희미한 편이에요. 13개의 고리가 알려져 있는데, 마치 크기가 다른 실처럼 둘려 있어요. 행성으로부터 가장 멀리 떨어진 고리는 약간 일그러졌으며, 작은 위성 마브가 이 고리에 물질을 공급한답니다.

바람
천왕성에는 대기가 있고, 시속 600km에 달하는 아주 강한 바람이 불고 있어요!

오펠리아

비안카

줄리엣

로살린드

마브

퍽

페르디타

크레시다

벨린다

데스데모나

포르티아

큐피드

비뚤어진 행성
천왕성

여기 목성과 토성의 동생 천왕성이 있어요. 같은 가스형 행성이지만 크기는 목성보다 작고, 지구보다는 훨씬 크지요. 지구를 60개나 담을 수 있을 정도랍니다. 천왕성의 대기는 태양 빛의 적색 파장을 흡수하고 청색 파장을 반사하기 때문에 푸른색을 띠어요. 그리고 태양으로부터 받은 에너지보다 방출되는 에너지가 더 많아 '얼음의 왕국'으로 불릴 만큼 아주 춥지요. 천왕성이 비뚤어 보인다고요? 하지만 잘못된 그림이 아니에요. 천왕성의 자전축은 누워 있거든요.

대흑점(대암점)
여러분은 목성에 있던 대적점을 기억하지요? 1989년 해왕성 남반구 표면에서도 주위에 비해 어두운 부분인 대흑점이 발견되었어요. 목성의 대적점과 거의 같은 위치에 있고, 형태도 비슷해요. 그 뒤 1994년 다시 관측한 결과 이 대흑점이 사라지고 북반구에 새로운 흑점이 생겼다고 해요. 이건 해왕성의 대기가 빠르게 변하고 있음을 알려 줍니다.

사나운 바람
해왕성에서의 바람은 시속 2,000km가 넘어요. 태양계에서 가장 강력하며, 지구에 부는 태풍에 비해 10배는 더 사납답니다.

고리
다른 가스형 행성들과 마찬가지로 해왕성에도 고리가 있어요. 하지만 아주 얇고 희미해 잘 보이지 않아요.

트리톤

트리톤
트리톤은 해왕성의 위성 중 가장 커요. 그리고 영하 237℃로, 해왕성보다도 추운 곳이랍니다! 그런데 이상한 점이 있어요. 혼자서 해왕성의 자전 방향과 반대 방향으로 공전해요. 이에 대해 천문학자들은 트리톤이 우주를 떠돌다가 해왕성의 중력에 붙잡히는 바람에 어쩌다 해왕성의 궤도 안에 들어간 거라고 추측해요.

얼음 행성
해왕성

해왕성은 태양계 행성들 가운데 태양에서 가장 멀리 떨어져 있어요. 미국의 탐사선 보이저 2호가 해왕성까지 가는데 12년이나 걸렸을 정도로 멀답니다. 그래서 태양계 안에서 가장 추운 행성이지요. 게다가 해왕성에는 시속 2,000km의 엄청난 바람이 휘몰아쳐요. 그런데 해왕성은 멀리서 보면 천왕성의 쌍둥이 같아요. 천왕성처럼 푸른색을 띠거든요. 마치 바다로 덮여 있는 듯해, 영문 이름 '넵튠'도 로마 신화 속 바다의 왕 '넵투누스(Neptunus)'에서 유래한답니다.

해왕성 신분증

유형	가스형
태양과의 거리	45억 400만 km 떨어진 여덟 번째 행성
지름	49,500km
공전 주기	165년
자전 주기	16시간 3분
평균 온도	영하 214℃
위성 개수	14개 이상

명왕성

스푸트니크 평원
명왕성 표면에 하트 모양 지형이 보이나요? 이곳의 서쪽 부근에 있는 스푸트니크 평원은 40억 년 전 명왕성의 얼음으로 뒤덮인 지표에 어떤 물체가 충돌하며 생긴 지형으로 보여요. 너비는 1,000km이고 깊이는 4km나 된답니다.

베네라 테라

파이오니어 테라

보이저 테라

얼음 알갱이 언덕
명왕성 표면에 수백 개의 얼음 알갱이 언덕이 있어요. 스푸트니크 평원의 질소 얼음이 녹았다 얼기를 반복하면서 바람을 일으키는데, 이때 얼음 알갱이로 된 언덕이 만들어지지요.

바이킹 테라

베르길리우스 해구

베르길리우스 해구

베아트리체 해구

크툴루 지역

힐러리산맥

텐징산맥
명왕성에서 가장 높은 산들로 이루어진 산맥이에요. 높이가 6,000m가 넘고 지구에 있는 킬리만자로산처럼 얼음으로 뒤덮여 있답니다.

톰보 지역
하트 모양인 이곳은 명왕성을 처음 발견한 천문학자 톰보의 이름을 붙인 지역이에요. 불규칙한 모양의 조각으로 나누어져 있고, 사이사이에 좁고 얕은 골이 경계를 나누고 있는 것처럼 보여요.

명왕성과 위성 카론

한때 명왕성은 태양계 행성이었어요. 그런데 2006년 국제 천문 연맹에서 명왕성을 태양계 행성 목록에서 빼 버렸답니다. 크기가 지구의 위성인 달보다도 작고, 중력도 거의 없으며, 공전 궤도도 길쭉한 타원 모양이어서 다른 행성과 좀 달랐거든요. 그래서 태양계의 소행성인 '왜소 행성'으로 분류하였지요. 명왕성은 카이퍼대에서 처음 발견된 천체예요. 이 카이퍼대 안에 명왕성이 839개가 넘는 아주 작은 행성들과 함께 무리 지어 있답니다. 명왕성은 표면이 얼어 매우 추운 곳이며, 대기는 메탄과 질소, 일산화탄소 등으로 이루어졌어요. 명왕성 주위에는 5개의 위성 카론, 히드라, 닉스, 케르베로스, 스틱스가 돌고 있는데, 그중 카론이 가장 크고 유명하지요. 지구와 달처럼 명왕성과 카론도 공전하는 동안 서로 같은 면만 본답니다.

카론

오즈 테라
북반구에 있는 오즈 테라는 암모니아로 이루어진 지하 바다가 표면으로 흘러 굳어지면서 형성되었어요.

카론의 '마리아나 해구'
북극의 모도르 황반에는 지구에 있는 마리아나 해구처럼 아주 깊은 해구가 존재해요.

도로시 크레이터

모도르 황반
카론의 북극 지역에 발그레한 분지가 있어요. 이는 명왕성 대기권에 존재하는 메탄가스가 카론으로 흘러들어와 북극의 낮은 온도 때문에 얼어붙은 거예요.

앨리스 크레이터

스팍 크레이터

발칸 평원

술루 크레이터

큐브릭산
함몰된 지형 한가운데에 3~4km 우뚝 솟은 산이에요. SF 영화감독 스탠리 큐브릭의 이름을 따서 지었답니다.

세레니티 카스마
세레니티 카스마는 적도에 길게 이어진 협곡이에요. 지표 아래 바다가 얼음으로 바뀌어 부피가 늘어나면서 갈라진 지형이지요. 무려 1,800km까지 뻗어 있고, 제일 높은 곳과 제일 낮은 곳의 차이가 7.5km에 달한답니다.

저승의 신과 저승의 뱃사공

명왕성은 춥고 어두운 곳이에요. 명왕성의 영어 명칭 역시 그리스 신화 속 저승과 어둠의 신인 '하데스'의 영어 이름 '플루토(Pluto)'랍니다. 그런데 플루토라고 하면, 대부분의 미국 어린이들은 디즈니 만화 〈미키 마우스〉에서 미키 마우스의 애완견 이름을 떠올릴 거예요. 그럼 왜 하필 플루토일까요? 태양계 행성은 전부 유럽인이 발견했는데, 명왕성은 처음으로 미국인 톰보가 찾았거든요. 이에 열광한 미국인들이 이름을 그렇게 지었답니다. 명왕성의 위성 카론은 그리스 신화 속에서 죽은 자를 저승으로 옮겨 주는 뱃사공의 이름으로 지어서 플루토와 연관성을 높였어요.

반구 1

옥소 크레이터
지름 10km 정도 되는 이 작은 충돌 구덩이는 세레스에서 두 번째로 밝은 지형이에요. 물이 감지된 유일한 곳이랍니다.

닌자 크레이터

하울라니 크레이터
이 크레이터는 다른 곳에 비해 추운 지역이며, 흰색 가루가 사방으로 퍼진 듯한 모습을 하고 있어요. 화산 활동보다는 우주에서 날아온 천체와의 충돌로 생긴 것으로 추정된답니다.

키르니스 크레이터

오카토르 크레이터
이 크레이터는 세레스에서 가장 밝은 지역이에요. 어느 지역보다 소금이 풍부한 얼음층이 가득하답니다.

롱고 크레이터

카이트 크레이터

우홀라 크레이터

하티포와 크레이터

외로운 왜소 행성
세레스

화성과 목성의 궤도 사이에는 아주 많은 소행성들이 돌고 있어요. 이곳을 '소행성대'라고 하지요. '세레스'는 소행성대에 있는 유일한 왜소 행성이며, 지름 972km로 소행성대 전체 질량의 1/4을 차지한답니다. 소행성대에서 최초로 발견된 천체라 처음에는 소행성으로 취급되었다가, 2006년 크기를 고려해 왜소 행성으로 분류되었지요. 명왕성이 왜소 행성으로 등급이 낮아졌다면, 세레스는 소행성에서 왜소 행성으로 승급되었다고 볼 수 있답니다.
그런데 세레스는 조금 가여운 천체예요. 명왕성 너머에 있는 다른 왜소 행성들과 달리, 태양계 행성들 사이에 홀로 남겨진 왜소 행성이거든요. 무척 외롭겠지요?

반구 2

단투 크레이터
균열이 많이 나 있는 크레이터로, 지름 120km에 깊이는 90km랍니다. '단투'라는 이름은 가나의 옥수수 신을 가리켜요.

라우쿠마테 크레이터

메그우메츠 크레이터

반짝반짝 크레이터의 비밀
세레스 표면의 크레이터 중심에 밝은 점들이 모여 있는 게 보일 거예요. 처음에는 얼음층이기 때문에 빛난다고 생각했어요. 하지만 밝혀진 비밀은 바로 소금! 분화구 내부에 있는 소금이 태양 빛을 반사하면서 밝게 빛나는 거랍니다. 이는 곧 지표 아래에 소금물이 존재함을 알려 줘요.

나위시 크레이터

라오 크레이터

카카구맛 크레이터

쿠미토가 크레이터

풀루사 크레이터

토하루 크레이터

줄링 크레이터
지름 20km의 줄링 크레이터는 내부에 얼음이 있는 것으로 추측돼요. 그런데 흥미로운 점은 크레이터 벽에서 물이 발견되었다는 거예요. 그 양이 많지는 않지만, 생명체가 사는 곳일 가능성도 있어요.

커완 크레이터
운석이나 혜성이 충돌해 만들어진 300km 크기의 크레이터예요. 그리고 주위에 지진이 발생해 아후나산이 생겨났지요. 이는 커완 크레이터의 표면 아래에 있는 얼음이 물을 표면 위로 밀어 올리면서 주위가 불룩 솟아오른 것으로 보고 있답니다. 마치 점토로 만든 공 안에 연필을 밀어 넣을 때, 연필이 들어간 부분에 구멍이 생기면서 점토가 반대편으로 솟아오르는 것과 같은 원리예요.

소행성과 왜소 행성의 차이점

세레스가 소행성에서 왜소 행성으로 재분류되었어요. 그럼 왜소 행성과 소행성을 나누는 기준은 무엇일까요? 일단 왜소 행성은 태양계 행성들처럼 커다랗고, 공 모양이면서, 태양을 중심으로 돌아야 해요. 또 다른 천체에 비해 너무 크지 않아야 하며 위성이면 안 되지요. 반면 소행성은 중력이 적어 공 모양이 되지 못하고 감자나 고구마처럼 불규칙한 모양을 하고 있답니다. 또 지름이 100km 이하로 작아서 소행성을 모두 모은다 해도 달보다 작아요.

심우주 지도

과거로 여행을 가는 방법을 알려 줄까요? 바로 우주 망원경으로 천체를 관측하는 거예요.
예를 들어 10광년 거리에 있는 별은 지구에서부터 빛의 속도로 10년 걸리는 곳에 있는 거예요.
그래서 이 천체를 망원경으로 관측하는 건 10년 전 과거를 들여다보는 거지요.
그런데 맨눈으로는 달 밖의 먼 우주, 즉 '심우주'까지 볼 수 없어요.
별자리 뒤의 은하단, 성운, 외계 행성 등 심우주에 있는 천체를 관측하려면 우주 망원경이
필수거든요. 그럼 맨눈으로는 절대 볼 수 없는 새로운 하늘을 탐험하러 가 볼까요?

큰곰자리 은하단

큰곰자리에는 아주 유명한 별이 있어요. 바로 북두칠성이에요! 북두칠성은 북쪽 하늘에 국자 모양을 이루는 7개의 별인데, 큰곰자리의 엉덩이와 꼬리를 이루지요. 그런데 이 큰곰자리 너머 먼 우주에는 맨눈으로 볼 수 없는 거대한 은하 집단이 있어요. 이곳에 수천 개의 은하가 모여 있는데 크기와 모양, 색깔이 아주 다양해요. 비교적 나이가 어린 별이 모인 은하는 푸른색, 나이 많은 별이 모여 있는 은하는 적색을 띤답니다.

천체의 오래전 모습

우리가 먼 하늘의 천체를 보고 있는 건 아주 오래전 천체의 모습을 보는 거예요. 예를 들어 우리가 1광년 떨어진 별을 보는 건 그 별의 1년 전 모습을 보는 거지요. 즉 천문학자들은 망원경을 통해 아주 오래전 우주에서 출발한 빛을 따라 과거로 시간 여행을 한답니다.

왜소 은하
큰곰자리에는 유달리 은하들이 많이 모여 있어요. 대부분의 은하는 왜소 은하로, 우리은하의 약 1/100억 크기예요. 아주 작은 점처럼 보이지요.

붉은 별 은하
더 이상 새로운 별이 생성되지 않는 은하예요. 이곳에서는 차갑고 나이가 많은 별들이 모여 붉은색을 띤답니다.

나선 은하
수많은 은하 중 우리은하처럼 소용돌이 모양의 나선 은하예요.

거대한 타원 은하
이 거대한 은하는 나선 은하들이 부딪치면서 융합되어 생겨난 것으로 보여요. 심우주에서 이런 은하의 충돌과 결합은 흔한 일은 아니랍니다.

불규칙 은하
이름처럼 일정한 모양을 갖추지 않은 은하예요. 은하끼리 서로 충돌하거나 폭발하면서 생겼답니다.

허블 딥 필드

'허블 우주 망원경'에 대해 들어 본 적 있나요? 미국 항공 우주국에서 개발한 이 우주 망원경은 1990년 우주 왕복선에 실려 지구 궤도에 진입하면서 관측 활동을 시작했답니다. 이 우주 망원경 덕분에 우리는 맨눈으로는 절대 볼 수 없는 왜소 행성, 별, 은하 등 크고 작은 천체들을 실감 나는 사진과 영상으로 만날 수 있지요. 그중 '허블 딥 필드'는 허블 우주 망원경으로 관측한 깊은 우주 공간으로, 이곳에서 큰곰자리와 100억 광년 이상 떨어진 은하들이 발견되었어요. 똑같은 곳을 10일 동안 300장이 넘게 사진을 촬영한 뒤 겹쳐 보니, 3,000여 개의 은하들이 발견된 거예요. 이렇게 많은 은하가 있을지는 아무도 상상하지 못했답니다.

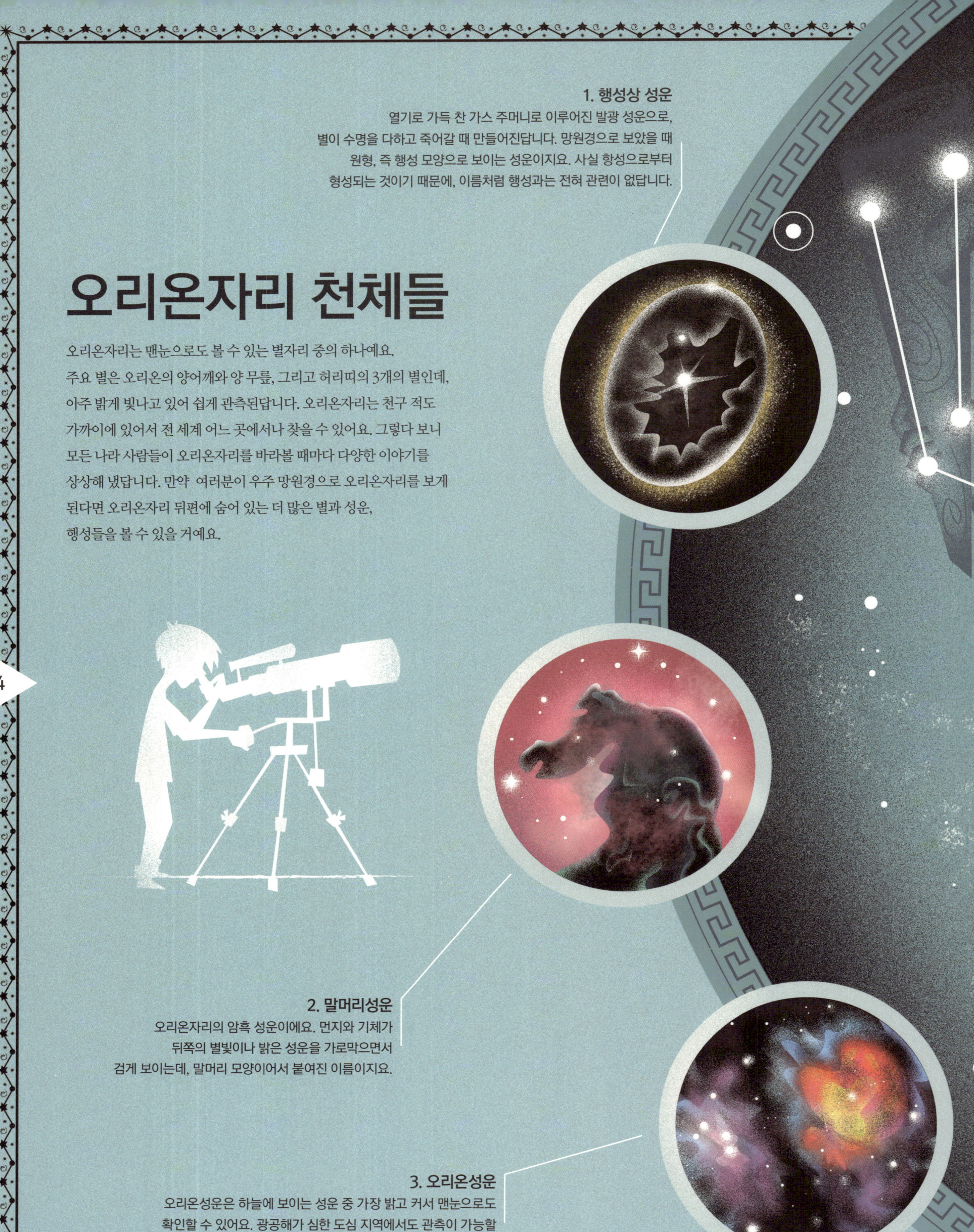

1. 행성상 성운
열기로 가득 찬 가스 주머니로 이루어진 발광 성운으로, 별이 수명을 다하고 죽어갈 때 만들어진답니다. 망원경으로 보았을 때 원형, 즉 행성 모양으로 보이는 성운이지요. 사실 항성으로부터 형성되는 것이기 때문에, 이름처럼 행성과는 전혀 관련이 없답니다.

오리온자리 천체들

오리온자리는 맨눈으로도 볼 수 있는 별자리 중의 하나예요. 주요 별은 오리온의 양어깨와 양 무릎, 그리고 허리띠의 3개의 별인데, 아주 밝게 빛나고 있어 쉽게 관측된답니다. 오리온자리는 천구 적도 가까이에 있어서 전 세계 어느 곳에서나 찾을 수 있어요. 그렇다 보니 모든 나라 사람들이 오리온자리를 바라볼 때마다 다양한 이야기를 상상해 냈답니다. 만약 여러분이 우주 망원경으로 오리온자리를 보게 된다면 오리온자리 뒤편에 숨어 있는 더 많은 별과 성운, 행성들을 볼 수 있을 거예요.

2. 말머리성운
오리온자리의 암흑 성운이에요. 먼지와 기체가 뒤쪽의 별빛이나 밝은 성운을 가로막으면서 검게 보이는데, 말머리 모양이어서 붙여진 이름이지요.

3. 오리온성운
오리온성운은 하늘에 보이는 성운 중 가장 밝고 커서 맨눈으로도 확인할 수 있어요. 광공해가 심한 도심 지역에서도 관측이 가능할 정도지요. 우리 지구와 약 1,500광년 떨어져 있고, 지름이 24광년 정도 펼쳐져 있으며, 질량은 태양의 2,000배 가까이 된답니다.

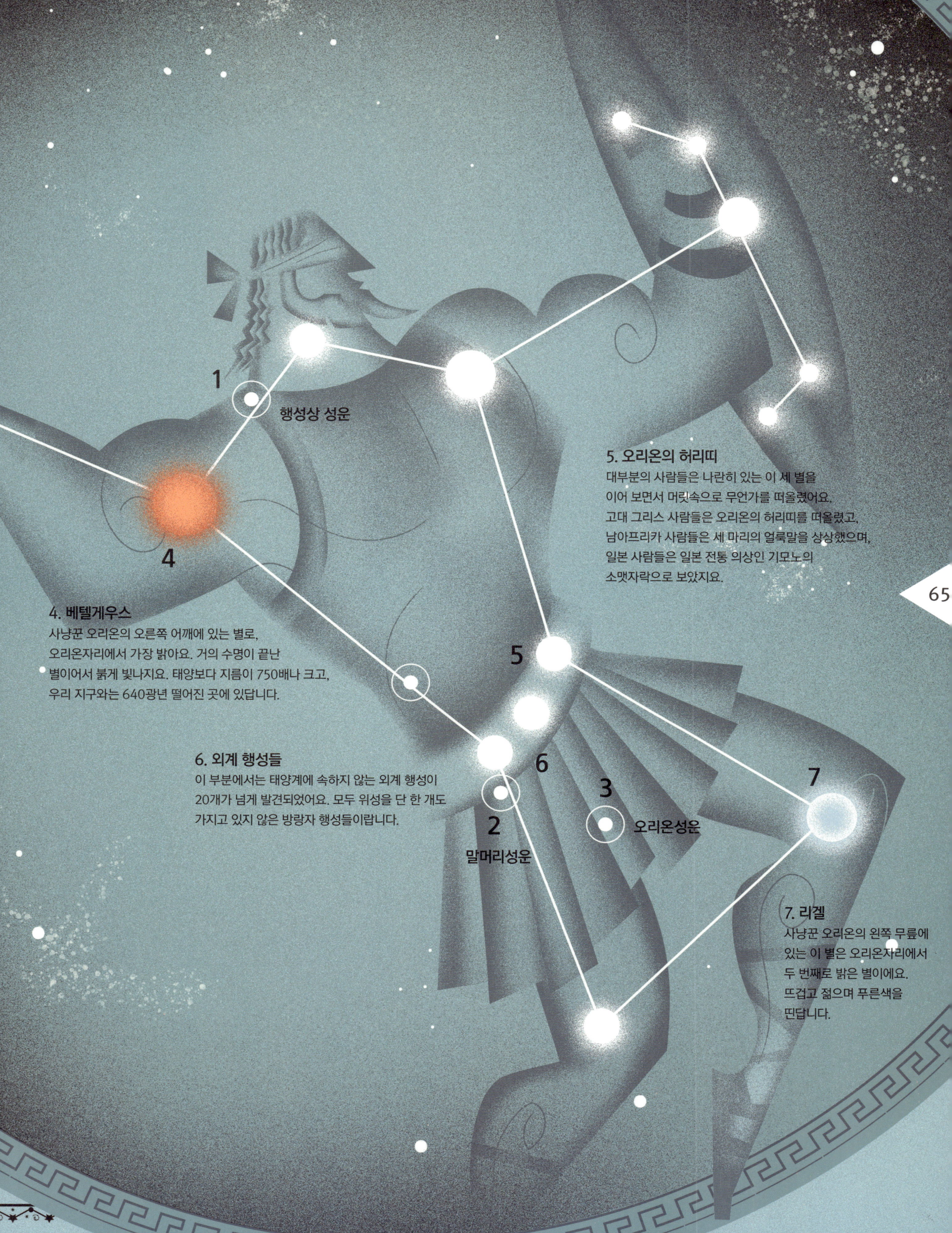

1 행성상 성운

4. 베텔게우스
사냥꾼 오리온의 오른쪽 어깨에 있는 별로, 오리온자리에서 가장 밝아요. 거의 수명이 끝난 별이어서 붉게 빛나지요. 태양보다 지름이 750배나 크고, 우리 지구와는 640광년 떨어진 곳에 있답니다.

5. 오리온의 허리띠
대부분의 사람들은 나란히 있는 이 세 별을 이어 보면서 머릿속으로 무언가를 떠올렸어요. 고대 그리스 사람들은 오리온의 허리띠를 떠올렸고, 남아프리카 사람들은 세 마리의 얼룩말을 상상했으며, 일본 사람들은 일본 전통 의상인 기모노의 소맷자락으로 보았지요.

6. 외계 행성들
이 부분에서는 태양계에 속하지 않는 외계 행성이 20개가 넘게 발견되었어요. 모두 위성을 단 한 개도 가지고 있지 않은 방랑자 행성들이랍니다.

2 말머리성운

3 오리온성운

7. 리겔
사냥꾼 오리온의 왼쪽 무릎에 있는 이 별은 오리온자리에서 두 번째로 밝은 별이에요. 뜨겁고 젊으며 푸른색을 띤답니다.

65

타란툴라 성운
수많은 별이 만들어지는 곳이고, 별의 무리인 성단이 형성되어 있어요. 그 모양이 거미처럼 생겨서 독거미 이름을 가져와 지었답니다. 그래서 '독거미 성운'이라고도 하지요. 크기가 1,000광년 이상 넓게 펼쳐져 있어서, 지구에서 아주 멀리 떨어져 있음에도 불구하고 크고 밝게 보여요.

NGC 2100
타란툴라 성운 왼쪽에서 볼 수 있는 열린 성단으로, 젊고 푸른빛의 별들이 한데 모여 있어요.

대마젤란은하의 해마
NGC 2074 안에는 우주의 해마로 불리는 어두운 먼지 기둥이 있어요. 20광년 정도의 크기로, 수중 생물인 해마 모양을 하고 있지요. 그런데 이 대마젤란은하는 수백 년 안에 사라질 거예요. 왜냐하면 성단 내 새로운 별들이 탄생할 때마다 별에서 나오는 빛과 폭풍이 이 먼지 기둥을 흩어지게 하기 때문이지요.

남반구를 수놓은
마젤란은하

우주 망원경으로 볼 수 있는 마젤란은하는 조각으로 흩어진 구름 모양을 하고 있어요. 우리은하와 가장 가까운 곳에 있다는 이유로, 처음에는 우리은하의 주위를 공전 중인 위성은하라고 생각했답니다. 하지만 현재 천문학자들은 마젤란은하를 우리은하 가까이 지나가는 은하 중 하나라고 보고 있어요. 왜냐하면 마젤란은하를 구성하는 별이 250억여 개로 우리은하 못지않게 많고, 모양이나 구조가 불규칙하며, 이동 속도도 빠른 편이거든요. 그럼 왜 하필 마젤란은하라는 이름을 갖게 되었을까요? 포르투갈 항해자 페르디난드 마젤란이 배를 타고 지구를 일주하던 중에 남쪽 밤하늘에서 발견했기 때문이에요. 마젤란은하는 남반구, 그중에서도 은하수가 보일 정도로 광공해가 적은 곳에서만 관측되므로 한국에서는 볼 수 없답니다.

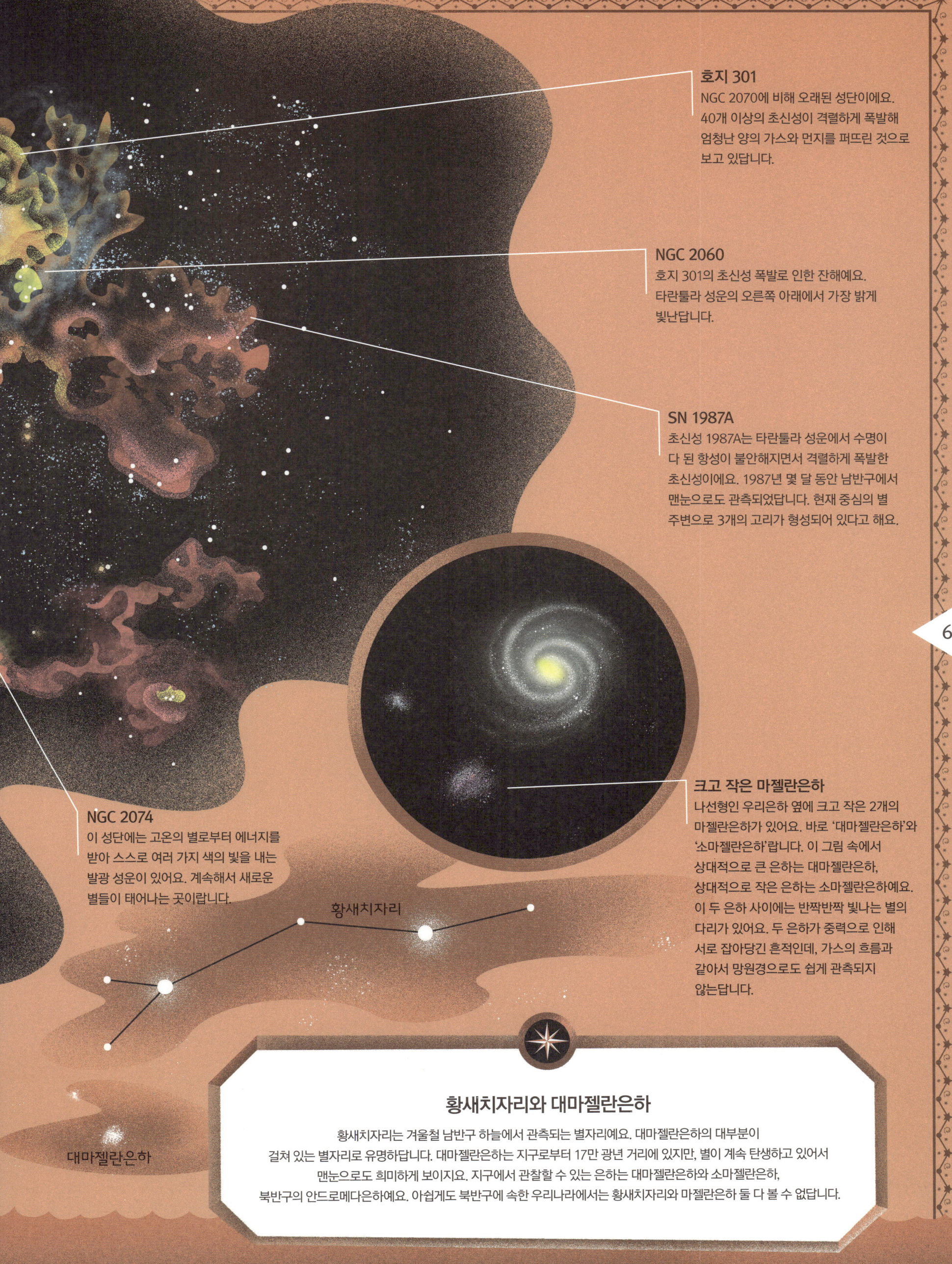

호지 301
NGC 2070에 비해 오래된 성단이에요. 40개 이상의 초신성이 격렬하게 폭발해 엄청난 양의 가스와 먼지를 퍼뜨린 것으로 보고 있답니다.

NGC 2060
호지 301의 초신성 폭발로 인한 잔해예요. 타란툴라 성운의 오른쪽 아래에서 가장 밝게 빛난답니다.

SN 1987A
초신성 1987A는 타란툴라 성운에서 수명이 다 된 항성이 불안해지면서 격렬하게 폭발한 초신성이에요. 1987년 몇 달 동안 남반구에서 맨눈으로도 관측되었답니다. 현재 중심의 별 주변으로 3개의 고리가 형성되어 있다고 해요.

크고 작은 마젤란은하
나선형인 우리은하 옆에 크고 작은 2개의 마젤란은하가 있어요. 바로 '대마젤란은하'와 '소마젤란은하'랍니다. 이 그림 속에서 상대적으로 큰 은하는 대마젤란은하, 상대적으로 작은 은하는 소마젤란은하예요. 이 두 은하 사이에는 반짝반짝 빛나는 별의 다리가 있어요. 두 은하가 중력으로 인해 서로 잡아당긴 흔적인데, 가스의 흐름과 같아서 망원경으로도 쉽게 관측되지 않는답니다.

NGC 2074
이 성단에는 고온의 별로부터 에너지를 받아 스스로 여러 가지 색의 빛을 내는 발광 성운이 있어요. 계속해서 새로운 별들이 태어나는 곳이랍니다.

황새치자리

대마젤란은하

황새치자리와 대마젤란은하

황새치자리는 겨울철 남반구 하늘에서 관측되는 별자리예요. 대마젤란은하의 대부분이 걸쳐 있는 별자리로 유명하답니다. 대마젤란은하는 지구로부터 17만 광년 거리에 있지만, 별이 계속 탄생하고 있어서 맨눈으로도 희미하게 보이지요. 지구에서 관찰할 수 있는 은하는 대마젤란은하와 소마젤란은하, 북반구의 안드로메다은하예요. 아쉽게도 북반구에 속한 우리나라에서는 황새치자리와 마젤란은하 둘 다 볼 수 없답니다.

초신성 폭발로 남은
게성운

1054년 중국과 아랍의 천문학자들은 대낮에 하늘에서 무엇인가 반짝이는 것을 보았어요. 그 당시 문헌을 보면 '갑자기 하늘에서 새로운 별이 나타났다. 낮에도 볼 수 있을 정도로 밝다'고 기록되어 있지요. 하지만 세월이 흐른 뒤 그건 별이 아니라 초신성이 폭발하고 난 잔해 '게성운'으로 밝혀졌어요. 혹시 게자리 근처에 있어서 '게성운'이냐고요? 틀렸어요! 게성운은 황소자리 부근에 있지요. 사실 1840년 영국의 천문학자 파슨스가 이 성운을 망원경으로 관찰해 그렸는데, 모양이 마치 게딱지 같아서 붙여진 이름이랍니다. 게성운을 구성하는 가스는 지름이 약 10광년 정도인데 초속 1,500km의 속도로 빠르게 팽창하는 중이어서 나중엔 훨씬 더 커다래질 거예요.

중성자별

게성운의 중심에는 중성자별이 있어요. 중성자별이란 무거운 별이 수명이 다할 때 초신성 폭발을 겪고 남은 중심핵인 '펄서'를 말해요. 그리고 중성자별은 강한 자기장을 가지고 1초에 30번씩 엄청난 속도로 회전하면서 에너지를 내뿜고 있답니다. 중성자별의 질량은 태양보다 1.5배 큰데, 모든 질량이 10km 정도 되는 가운데에 몰려 있어요. 처음보다 크기가 작아지긴 했지만, 태양 에너지의 10만 배 정도 되는 에너지를 방출하는 중이랍니다.

우주 등대

1967년 천문학자 벨과 휴이시는 전파 망원경으로 우주를 관측하다가 전파를 발생하는 천체를 발견했어요. 당시에는 이를 외계인이 지구인에게 보내는 메시지, 혹은 우주에 있는 등대라고 생각했지요. 하지만 알고 보니 중성자별 펄서임을 알게 되었어요. 펄서를 이루는 아주 작은 입자들은 단순히 빛만 내는 게 아니라 방사선, 엑스선, 감마선 등의 무시무시한 광선을 뿜어내고 있어요. 게다가 정확히 반대의 두 방향으로 뻗어 나가 항구의 등대처럼 일정한 주기로 깜빡인답니다.

자기장

펄서의 중심부 근처에는 아주 거대한 자기장이 형성되어 있어요. 태양의 자기장보다 10조 배 강력한 것으로 밝혀졌지요. 이 자기장은 전자들을 빛의 속도로 빠르게 분출하게 하므로 환한 대낮에도 반짝이는 것을 볼 수 있답니다.

폭발 잔해
초신성이 폭발할 때 펄서가 빠르게 회전하면서 초속 2,500~4,500km 속도의 항성풍이 생겨나요. 이때 수소와 헬륨으로 이루어져 있는 초신성의 폭발 잔해는 불규칙한 빛을 다량으로 발하면서 파도처럼 퍼져 나간답니다. 그 모습이 마치 복잡하게 얽힌 필라멘트 같아요.

플레이아데스

알데바란

황소자리

게성운 관측하기
게성운은 지구로부터 6,500광년 떨어진 곳에 있어요. 다시 말하면 1054년 처음으로 거대한 폭발이 관측된 때의 빛은 대략 기원전 5,400년 전후로 생겨난 것이었지요. 그리고 우리의 행성에 도착하기까지 수천 년간 여행을 한 셈이랍니다. 당연히 지금 우리는 옛날처럼 게성운을 맨눈으로 보기 힘들어요. 초신성이 폭발하고 얼마 안 되었을 때보다 밝기가 약해졌을 테니까요. 그래도 망원경을 사용해 황소자리 근처를 살피면 희미한 빛 조각으로 볼 수 있답니다.

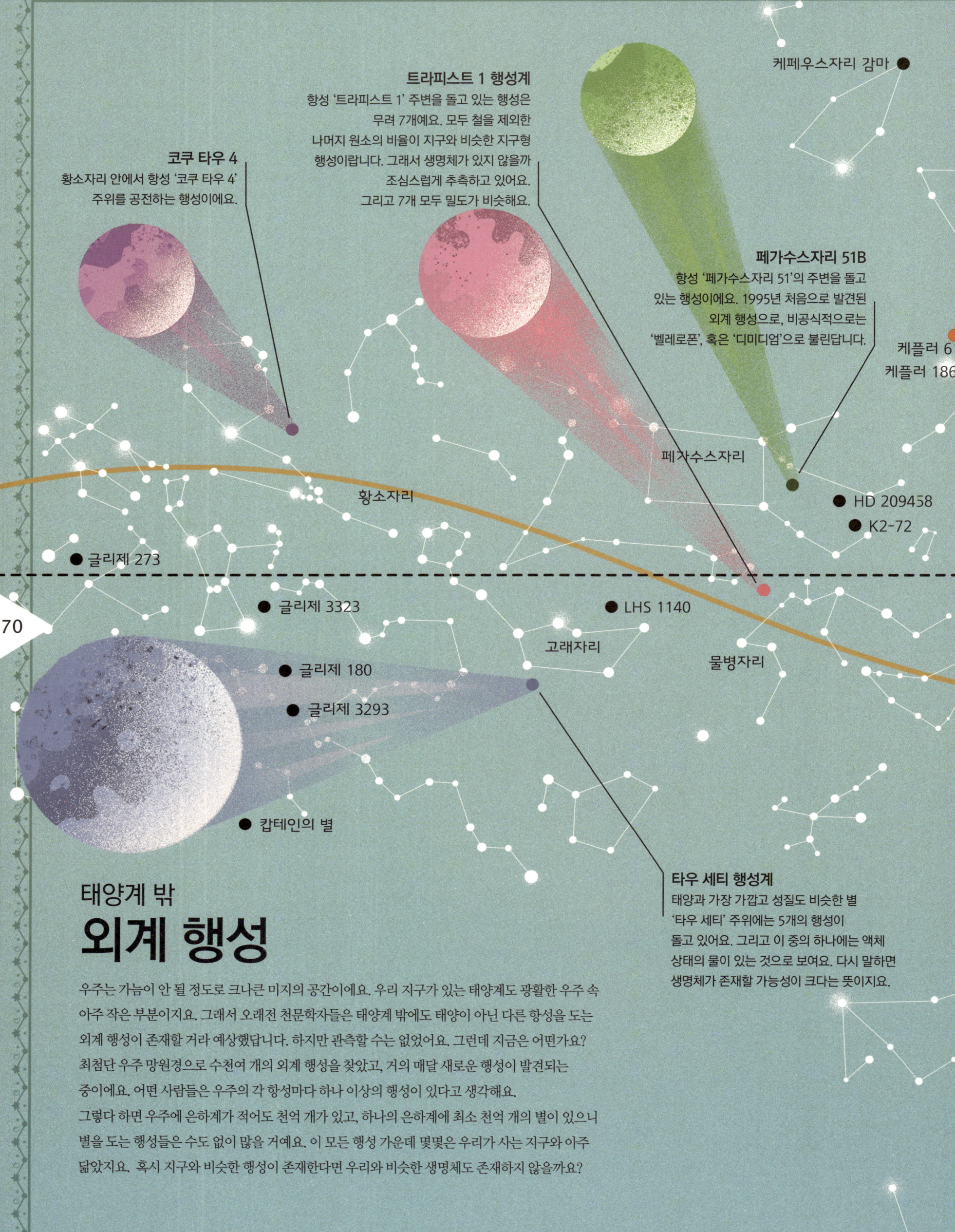

코쿠 타우 4
황소자리 안에서 항성 '코쿠 타우 4' 주위를 공전하는 행성이에요.

트라피스트 1 행성계
항성 '트라피스트 1' 주변을 돌고 있는 행성은 무려 7개예요. 모두 철을 제외한 나머지 원소의 비율이 지구와 비슷한 지구형 행성이랍니다. 그래서 생명체가 있지 않을까 조심스럽게 추측하고 있어요. 그리고 7개 모두 밀도가 비슷해요.

케페우스자리 감마

페가수스자리 51B
항성 '페가수스자리 51'의 주변을 돌고 있는 행성이에요. 1995년 처음으로 발견된 외계 행성으로, 비공식적으로는 '벨레로폰', 혹은 '디미디엄'으로 불린답니다.

케플러 61
케플러 186

페가수스자리

HD 209458
K2-72

황소자리

글리제 273

글리제 3323

LHS 1140

글리제 180
고래자리
글리제 3293
물병자리

캅테인의 별

태양계 밖
외계 행성

타우 세티 행성계
태양과 가장 가깝고 성질도 비슷한 별 '타우 세티' 주위에는 5개의 행성이 돌고 있어요. 그리고 이 중의 하나에는 액체 상태의 물이 있는 것으로 보여요. 다시 말하면 생명체가 존재할 가능성이 크다는 뜻이지요.

우주는 가늠이 안 될 정도로 크나큰 미지의 공간이에요. 우리 지구가 있는 태양계도 광활한 우주 속 아주 작은 부분이지요. 그래서 오래전 천문학자들은 태양계 밖에도 태양이 아닌 다른 항성을 도는 외계 행성이 존재할 거라 예상했답니다. 하지만 관측할 수는 없었어요. 그런데 지금은 어떤가요? 최첨단 우주 망원경으로 수천여 개의 외계 행성을 찾았고, 거의 매달 새로운 행성이 발견되는 중이에요. 어떤 사람들은 우주의 각 항성마다 하나 이상의 행성이 있다고 생각해요. 그렇다 하면 우주에 은하계가 적어도 천억 개가 있고, 하나의 은하계에 최소 천억 개의 별이 있으니 별을 도는 행성들은 수도 없이 많을 거예요. 이 모든 행성 가운데 몇몇은 우리가 사는 지구와 아주 닮았지요. 혹시 지구와 비슷한 행성이 존재한다면 우리와 비슷한 생명체도 존재하지 않을까요?

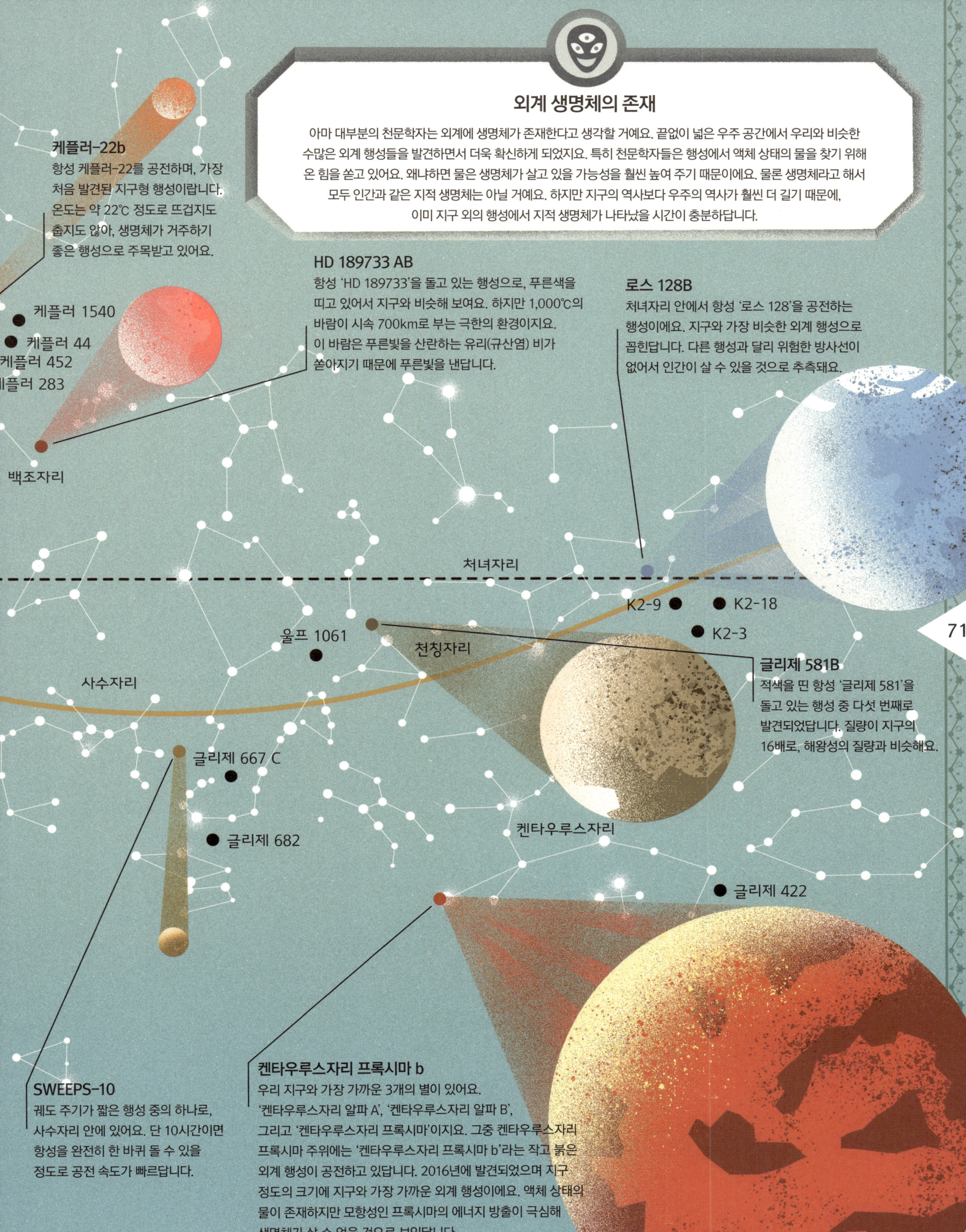

우주를 연구하는 곳

인간들은 어디에서 어떤 방법으로 우주를 관측하고 연구할까요? 가장 먼저 광공해가 적어서 천체가
아주 잘 보이는 곳에 천문대를 세워 우주 망원경으로 관측해요. 또는 우주로 인공위성을 쏘아 올린 뒤
그곳에서 보내온 사진이나 영상을 통해 우주를 보기도 하지요. 물론 직접 우주로 가서 관측하는 방법도 있어요.
우주 비행사들은 국제우주정거장에 머물며 아주 가까이에서 천체를 보고 만지기도 한답니다.
아 참, 우주 공간으로 나가려면 공기가 통하지 않는 우주복은 필수!
무중력 상태에서 움직이는 훈련도 받아야 하지요.
그럼, 지금부터 우주를 연구하는 장소들을 찾아가 볼까요?

지구를 둘러싸고 있는 공기층을
대기권이라고 해요.
대류권, 성층권, 중간권, 열권으로
나누어져 있답니다.
그중 대류권이 가장 얇아요!

지구의 대기
만약 지구에 대기가 없다면 우리는 살 수 없어요. 왜냐하면 대기에는 숨 쉴 수 있는 산소가 있고, 태양의 열기를 빠져나가지 못하게 막아서 지구의 온도를 일정하게 유지해 주거든요. 또 대기는 지구 외부의 해로운 빛과 운석 충돌로부터 지구를 보호해 주는 중요한 역할을 하고 있어요. 그래서 우주 비행사들은 대기권 밖으로 나갈 때 반드시 우주복을 갖춰 입어야 해요!

에베레스트산
8,848m

우주가 시작되는
대기권

지금까지 우리는 지구 밖 우주에 대해 많은 얘기를 나누었어요. 우주는 끝을 알 수 없는 공간이므로, 우리의 행성 지구는 우주 공간에 잠겨 있는 셈이지요. 그런데 하늘 어느 높이부터 우주라고 보면 될까요? 국제 우주 연맹에서는 지구로부터 100km 떨어진 곳부터 우주로 정의했어요. 즉 크게 4개의 영역으로 나뉘는 대기권 상부부터 우주가 펼쳐진다고 봅니다.
대기권이란 지구의 중력에 의해 지구 가까이 밀착되어 함께 회전하는 대기층이에요. 대기권 상층부에는 우주 연구를 위해 우리가 쏘아 올린 인공위성이 돌면서 우주에 관한 온갖 정보를 수집하고 있고, 국제우주정거장에는 우주인이 머물며 우주 개발에 힘쓰고 있답니다.

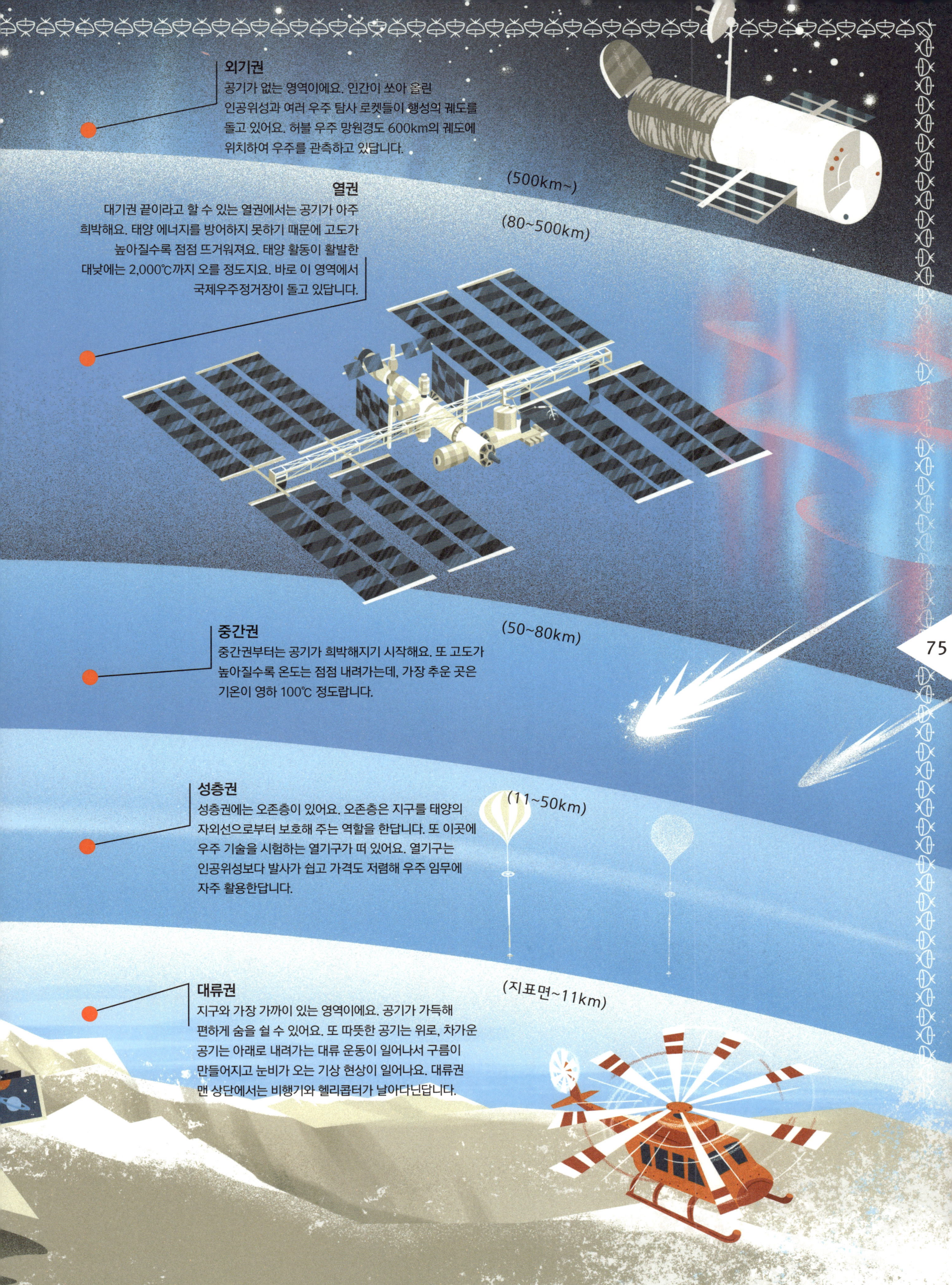

외기권
공기가 없는 영역이에요. 인간이 쏘아 올린 인공위성과 여러 우주 탐사 로켓들이 행성의 궤도를 돌고 있어요. 허블 우주 망원경도 600km의 궤도에 위치하여 우주를 관측하고 있답니다.

(500km~)

열권
대기권 끝이라고 할 수 있는 열권에서는 공기가 아주 희박해요. 태양 에너지를 방어하지 못하기 때문에 고도가 높아질수록 점점 뜨거워져요. 태양 활동이 활발한 대낮에는 2,000℃까지 오를 정도지요. 바로 이 영역에서 국제우주정거장이 돌고 있답니다.

(80~500km)

중간권
중간권부터는 공기가 희박해지기 시작해요. 또 고도가 높아질수록 온도는 점점 내려가는데, 가장 추운 곳은 기온이 영하 100℃ 정도랍니다.

(50~80km)

성층권
성층권에는 오존층이 있어요. 오존층은 지구를 태양의 자외선으로부터 보호해 주는 역할을 한답니다. 또 이곳에 우주 기술을 시험하는 열기구가 떠 있어요. 열기구는 인공위성보다 발사가 쉽고 가격도 저렴해 우주 임무에 자주 활용한답니다.

(11~50km)

대류권
지구와 가장 가까이 있는 영역이에요. 공기가 가득해 편하게 숨을 쉴 수 있어요. 또 따뜻한 공기는 위로, 차가운 공기는 아래로 내려가는 대류 운동이 일어나서 구름이 만들어지고 눈비가 오는 기상 현상이 일어나요. 대류권 맨 상단에서는 비행기와 헬리콥터가 날아다닌답니다.

(지표면~11km)

그레이엄산 천문대
미국 애리조나주 그레이엄산 위에는 아주 커다란 천체 망원경이 있어요. 허블 우주 망원경보다 10배나 선명한 사진을 찍을 수 있다고 해요.

스톤헨지
영국 솔즈베리 평원에 있는 고대 기념물이에요. 거대한 돌을 원형으로 세워 놓았는데 해가 뜨는 방향을 정확하게 가리키고 있어서 천문 관측소로 보았답니다. 특히 하지와 동지를 측정하고 기록했을 것으로 추측해요.

마우나케아 천문대
하와이주 하와이섬의 마우나케아산은 해발 고도가 높아 하늘과 가깝고, 태평양 한가운데에 동떨어져 있기 때문에 대기가 오염되지 않아 여러 나라의 연구소가 몰려 있답니다.

아레시보 천문대
1963년 서인도 제도 푸에르토리코섬에 지름 307m 정도의 안테나가 달린 전파 망원경이 설치되었어요. 별이 내뿜는 전파를 모아서 관측하는데, 망원경으로는 잡아낼 수 없는 별의 크기나 형태 등을 알 수 있답니다. 현재는 파손되어 복구 중에 있어요.

파라날 천문대
칠레의 안데스산맥에 자리 잡은 천문대는 모두 5개예요. 그중 아타카마 사막 안의 파라날 천문대에는 지름 8m의 망원경 4개로 만들어진 초거대 광학 망원경 'VLT'가 있어요. 이 망원경은 우주의 아주 특별한 모습들을 수집하고 있답니다.

아마조네스 천문대
칠레의 아마조네스 천문대에는 현재 제작 중인 세계 최대의 유럽 망원경 'ELT'가 설치될 거라고 해요. 지름만 무려 39m로, 태양계 바깥의 외계 행성을 세밀하게 살펴볼 수 있을 것으로 기대된답니다.

전 세계 천문 관측소

아주 오래전에는 맨눈으로 밤하늘의 달과 별을 바라보았어요. 그 후 17세기 초 네덜란드 안경 제조공이 렌즈를 가지고 장난을 치다 망원경을 발명했는데, 갈릴레오 갈릴레이는 이 망원경을 천체 관측에 사용하기 시작했답니다. 옛날의 천문학자들은 밤하늘을 관측하기 위해 집 앞으로 망원경을 가지고 나갔어요. 그런데 오늘날 천문학자들은 그렇게 하지 못해요. 광공해가 너무 심해서 별과 달, 오로라 등 어떤 천체도 보기 힘들거든요. 그래서 천문학자들은 지구에서 가장 빛으로 오염이 되지 않은 장소에 천문대를 설치해 놓고 우주를 관측하고 연구하는 데 도움을 받고 있답니다.

로스 무차초스 천문대
스페인 카나리아 제도 라팔마섬에 있는 로스 무차초스 천문대는 아름다운 은하수와 다양한 별자리를 쉽게 감상할 수 있어요. 높은 곳에 있어서 대기의 흔들림이 적어 관측이 쉬운 편이지요.

뷰라칸 천문대
아르메니아 아라가츠산의 뷰라칸 천문대는 소련 시절에 건설되었어요. 이곳에서 천문학자들은 성운 속에서 별들이 만들어지고 진화하고 수명을 다하는 과정을 알게 되었답니다.

라모스트 망원경

직경 500m 구면 전파망원경

첨성대
1,400년 전 신라 선덕 여왕 때 돌을 쌓아 만든 우리나라 천문 관측소예요. 경상북도 경주에 있으며 지금까지 완전한 모습으로 남아 있지요. 다른 천문 관측소처럼 지붕이 개방되어 있어요. 당시 첨성대 안으로 들어온 빛이 바닥을 비추는 것을 보고 절기를 파악하고, 농사지을 시기를 정했다고 해요.

남아프리카 천문대
남아프리카 공화국 케이프타운에서 300km 떨어진 곳에 지름 11m의 광학 망원경이 있어요. 남반구에서 가장 큰 망원경이지요.

스카
'스카(SKA)'는 세계에서 가장 큰 전파 망원경을 만드는 글로벌 프로젝트명이에요. 남아프리카와 호주에 건설될 예정이지요. 별이 가득한 하늘을 향해 수천 개의 전파 망원경을 세우게 될 거예요.

앵글로 오스트레일리언 망원경

남극 망원경
남극에도 천체 망원경이 있다는 걸 알고 있나요? 천문학자들은 남극이 아무리 추워도, 또 남극까지 가는 데 오랜 시간이 걸려도 남극에 가려고 했어요. 왜냐고요? 극지방은 천체를 관측하기 아주 좋은 장소거든요. 태양의 간섭이 적고, 대기가 안정적이며, 기온이 낮아 공기 중에 습기가 없어서 전파 방해를 받지 않는답니다.

대형 망원경 렌즈의 비밀
현대의 천문학자들은 천문대에 설치된 초대형 망원경으로 천체를 관측하고 있어요. 지름이 클수록 어두운 천체를 더 잘 볼 수 있지요. 원래 망원경이란 천체로부터 오는 빛을 모아 '초점'이라고 부르는 점 안에 붙잡아 두어 천체를 관측하는 도구예요. 과거의 망원경이 렌즈로 빛을 굴절시켜 모으는 방식이었다면, 현대 망원경은 거울로 빛을 반사해 모아 줘요. 그런데 과거 망원경의 렌즈는 두껍고 무거워서 크게 만드는 데에 한계가 있었어요. 반면 현대의 대형 망원경은 렌즈보다 얇고 가벼운 거울을 이어 붙이는 방식으로 수십 미터까지 점점 커지며 발전하고 있답니다.

기상 위성
구름의 상태, 위치 등을 살피며 날씨를 예측해요. 그뿐만 아니라 황사, 오존량, 오염 물질, 태양 광선 반사량 등의 환경 정보도 관측하지요.

위치 측정 위성
자동차에 있는 내비게이션을 떠올려 보세요! 내비게이션의 길 안내는 GPS가 있기 때문에 가능한 거예요. GPS가 뭐냐고요? 지구 주위로 각기 다른 궤도를 돌고 있는 위성들이 있는데, 그것이 보내는 신호를 받아 현재 위치를 계산하는 기술이랍니다. 처음에는 군사적 목적으로 사용되었다고 해요.

통신 위성
외국으로 전화를 할 때나 혹은 그곳의 텔레비전 채널을 볼 때 사용되는 정지 위성이에요. 송신국과 수신국 사이의 거리가 멀 때, 중간에서 송신국의 신호를 받아 수신국으로 방송하는 중계국 역할을 한답니다.

인간이 만든 별
인공위성

인공위성이란 천체 주위를 돌며 우주를 연구하는 인공 물체를 말해요. 대부분 지구 주변을 돌고 있지요. 그중 국제우주정거장은 지구 궤도를 돌고 있는 많은 인공위성 가운데 하나로, 축구장만큼 크답니다. 지금 이 지도에 보이는 많고 많은 점은 인공위성이에요. 인간이 쏘아 올린 것으로, 지금도 우리 지구 주위를 돌고 있답니다. 하지만 이 가운데 현재 임무 수행 중인 인공위성은 아마 1,200개 정도밖에 안 될 거예요. 나머지는 수명을 다해 작동을 멈추고 거대한 폐기물처럼 우주에 떠 있답니다. 그래서 지구 궤도는 언제나 혼잡하지요.

과학 위성
이 위성에서는 지구와 지구 주변 우주 환경을 관측하고, 우주 과학 실험이 진행돼요. 특히 지구에서 하기 어려운 무중력 실험을 하는 데 아주 적합하지요.

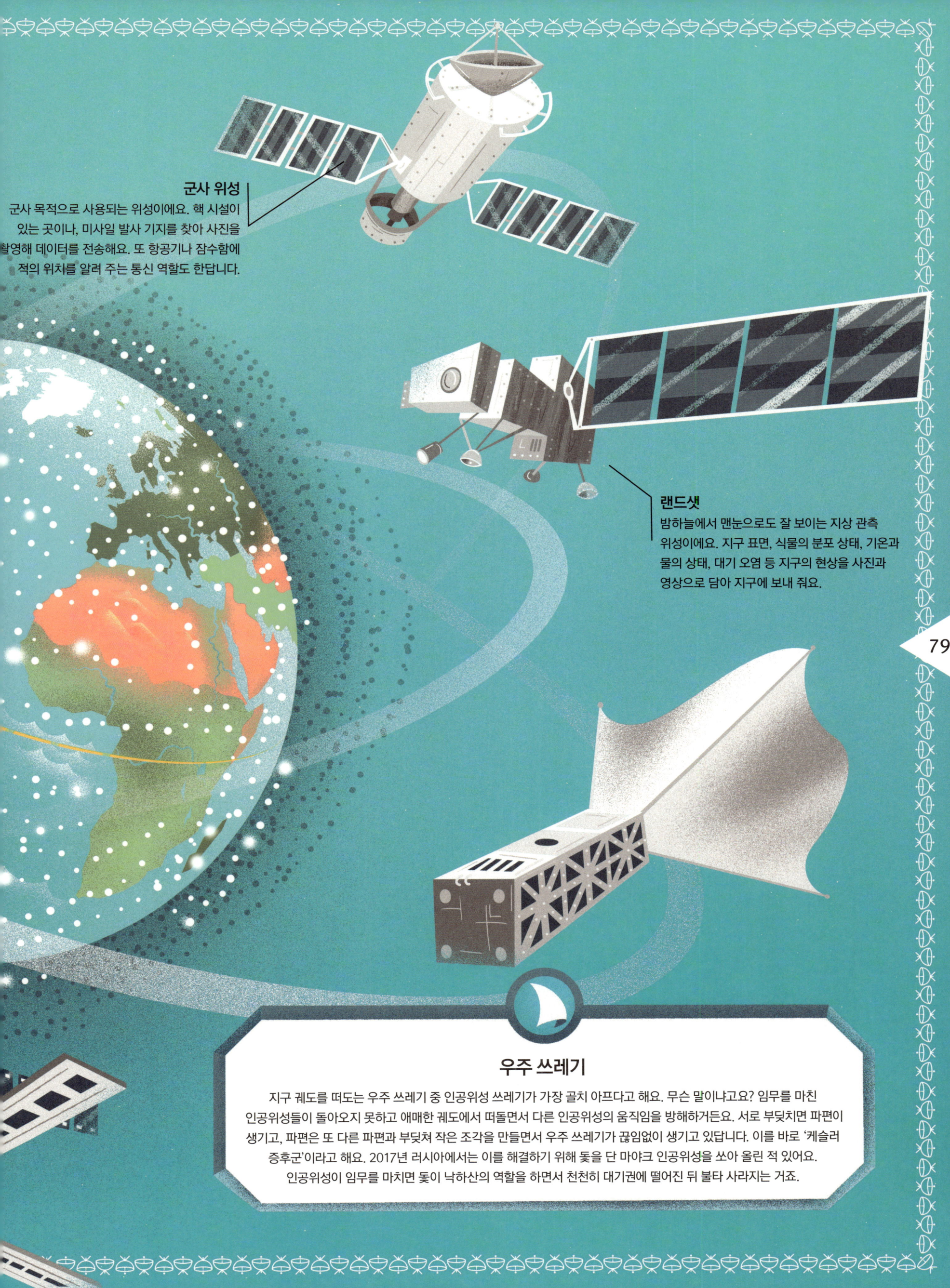

군사 위성
군사 목적으로 사용되는 위성이에요. 핵 시설이 있는 곳이나, 미사일 발사 기지를 찾아 사진을 촬영해 데이터를 전송해요. 또 항공기나 잠수함에 적의 위치를 알려 주는 통신 역할도 한답니다.

랜드샛
밤하늘에서 맨눈으로도 잘 보이는 지상 관측 위성이에요. 지구 표면, 식물의 분포 상태, 기온과 물의 상태, 대기 오염 등 지구의 현상을 사진과 영상으로 담아 지구에 보내 줘요.

우주 쓰레기

지구 궤도를 떠도는 우주 쓰레기 중 인공위성 쓰레기가 가장 골치 아프다고 해요. 무슨 말이냐고요? 임무를 마친 인공위성들이 돌아오지 못하고 애매한 궤도에서 떠돌면서 다른 인공위성의 움직임을 방해하거든요. 서로 부딪치면 파편이 생기고, 파편은 또 다른 파편과 부딪쳐 작은 조각을 만들면서 우주 쓰레기가 끊임없이 생기고 있답니다. 이를 바로 '케슬러 증후군'이라고 해요. 2017년 러시아에서는 이를 해결하기 위해 돛을 단 마야크 인공위성을 쏘아 올린 적 있어요. 인공위성이 임무를 마치면 돛이 낙하산의 역할을 하면서 천천히 대기권에 떨어진 뒤 불타 사라지는 거죠.

금박 덮개
헬멧 덮개는 금으로 얇게 도금되어 있어서 태양 빛으로부터 우주 비행사의 눈을 보호한답니다.

생명 유지 장치
그냥 단순한 배낭이 아니에요! 압력 및 온도 조절기, 냉각기, 전력 공급기 등 우주 비행사의 생명을 유지해 주는 많은 장치가 장착됐어요. 또 땀이 많이 흐르면 밖으로 내보내기도 하지요. 비상사태에 임시로 사용할 수 있는 산소 저장통도 갖추어져 있답니다.

헬멧 내부
우주 비행사는 헬멧 안의 통신 장비로 동료와 이야기를 할 수 있어요. 또 우주 비행사들이 메고 있는 큰 배낭, 즉 생명 유지 장치와 연결된 선들을 통해 음식물을 공급받아 식사한답니다.

헬멧
유리 강화 섬유 플라스틱으로 만들어진 헬멧은 충격에 강해요.

빨대
우주 유영은 8~9시간 이상 걸리기도 해요. 우주 비행사들은 물이 가득 찬 주머니에 연결된 특별한 빨대로 물을 마실 수 있어요.

기저귀
우주선 밖 우주 공간에는 공중화장실이 없어요. 그래서 우주 비행사들은 유영에 나서기 전, 흡수가 아주 빠른 특별한 우주의 기저귀를 입는답니다.

작은 우주선
우주복

우주에 가려면 반드시 우주복을 입어야 해요. 우주복은 우주 비행사의 몸을 감싼 우주선과 같아요. 공기가 없는 우주 환경을 철저하게 차단하여 숨을 쉴 수 있게 하고, 온도와 습도를 알맞게 유지해 주며, 우주에 떠다니는 운석에 충돌하지 않도록 몸을 보호해 줘요. 또한 우주 비행사는 우주복 안에 있는 물로 수분을 보충할 수 있고 기저귀에 용변을 볼 수도 있으며 무전기로 동료 우주 비행사나 관제 센터와 소통할 수 있지요. 다시 말하면 우주복은 인간이 살 수 없는 극한의 우주에서 우주 비행사들을 생존할 수 있게 해 주는 중요한 장치랍니다. 많은 기능이 가능하다 보니 우주복은 두께만 8cm이며, 아주 비싸요. 이 우주복만 있으면 최대 9시간까지 우주 정거장 밖에서 안전하게 일할 수 있답니다.

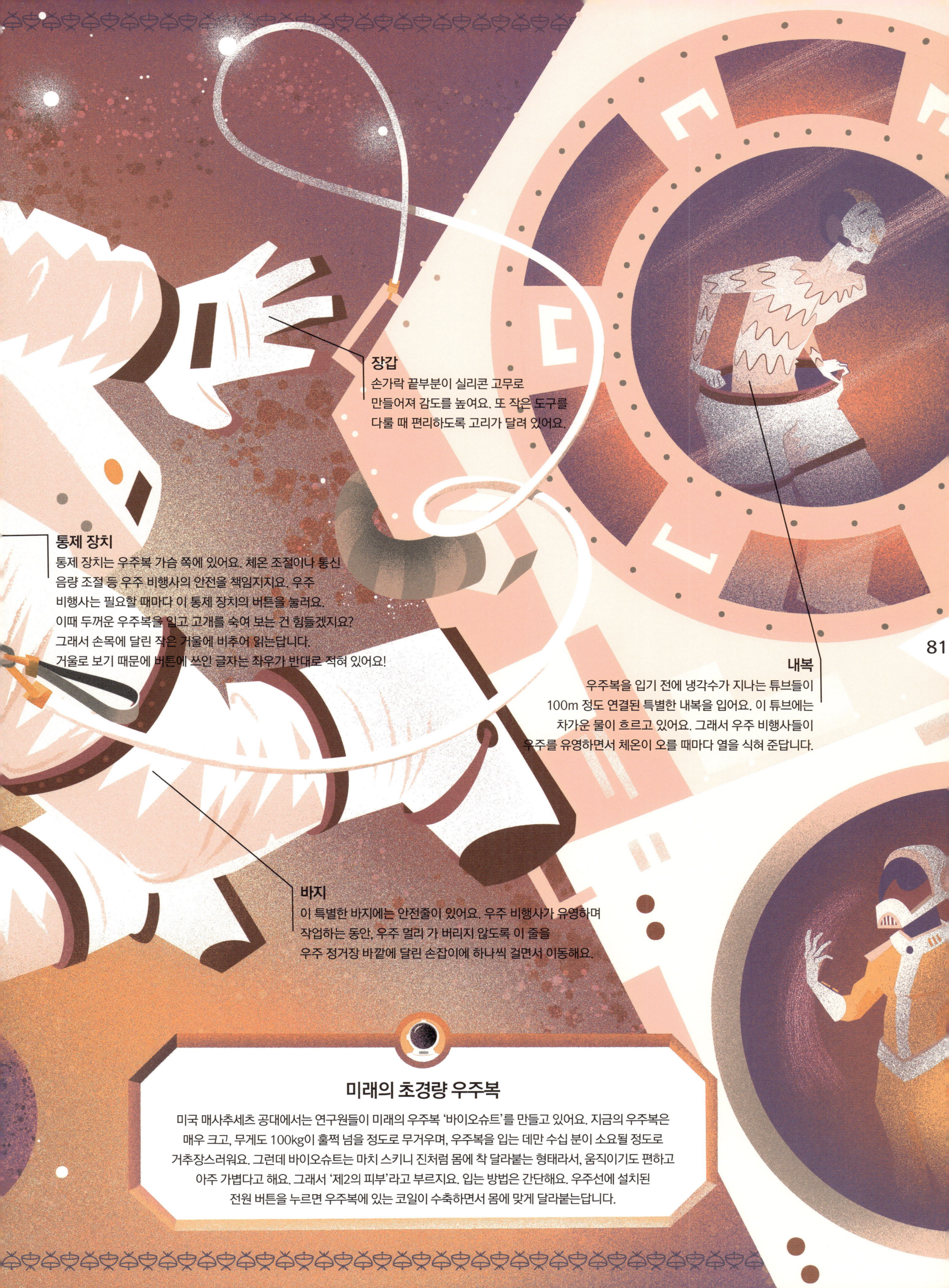

장갑
손가락 끝부분이 실리콘 고무로 만들어져 감도를 높여요. 또 작은 도구를 다룰 때 편리하도록 고리가 달려 있어요.

통제 장치
통제 장치는 우주복 가슴 쪽에 있어요. 체온 조절이나 통신 음량 조절 등 우주 비행사의 안전을 책임지지요. 우주 비행사는 필요할 때마다 이 통제 장치의 버튼을 눌러요. 이때 두꺼운 우주복을 입고 고개를 숙여 보는 건 힘들겠지요? 그래서 손목에 달린 작은 거울에 비추어 읽는답니다. 거울로 보기 때문에 버튼에 쓰인 글자는 좌우가 반대로 적혀 있어요!

내복
우주복을 입기 전에 냉각수가 지나는 튜브들이 100m 정도 연결된 특별한 내복을 입어요. 이 튜브에는 차가운 물이 흐르고 있어요. 그래서 우주 비행사들이 우주를 유영하면서 체온이 오를 때마다 열을 식혀 준답니다.

바지
이 특별한 바지에는 안전줄이 있어요. 우주 비행사가 유영하며 작업하는 동안, 우주 멀리 가 버리지 않도록 이 줄을 우주 정거장 바깥에 달린 손잡이에 하나씩 걸면서 이동해요.

미래의 초경량 우주복

미국 매사추세츠 공대에서는 연구원들이 미래의 우주복 '바이오슈트'를 만들고 있어요. 지금의 우주복은 매우 크고, 무게도 100kg이 훌쩍 넘을 정도로 무거우며, 우주복을 입는 데만 수십 분이 소요될 정도로 거추장스러워요. 그런데 바이오슈트는 마치 스키니 진처럼 몸에 착 달라붙는 형태라서, 움직이기도 편하고 아주 가볍다고 해요. 그래서 '제2의 피부'라고 부르지요. 입는 방법은 간단해요. 우주선에 설치된 전원 버튼을 누르면 우주복에 있는 코일이 수축하면서 몸에 맞게 달라붙는답니다.

궤도선
우주선 맨 앞에 구면의 형태를 하고 있어요. 비행하는 동안 우주 비행사는 궤도선에서 실험을 하거나 선외 활동을 준비하는 등 자유롭게 움직여요.

모듈
우주선은 여러 개의 모듈로 조립되었으며, 각각 분리되어 자율적으로 날아갈 수 있어요.

안테나

도킹 기구

안테나

카메라

로켓
로켓은 우주선을 우주로 슝 날려 보내 줘요. 우주선을 실은 로켓이 연료를 다 쓰면 단계별로 분리되어 추락하지요. 모든 로켓이 떨어져 나가면, 우주선은 질량이 줄어든 덕분에 궤도에 도달할 만큼 속도를 얻어 앞으로 나아간답니다. 이때 우주선 안에는 소음, 진동, 가속도, 열기가 어마어마해요. 그래서 우주 비행사들은 우주로 출발하기 전, 이 극한의 상태를 이겨 내기 위한 훈련을 받아야 하지요.

우주선이 발사대에서 출발할 때의 모습이에요. 가장 먼저 맨 아래에 있는 4개의 보조 로켓으로 이루어진 1단 로켓이 분리되면서 우주로 날아올라요!

우주로 가는
우주선

우주로 가기 위해서는 우주선을 타야 해요. 우주선은 지구 대기권 밖의 우주 공간을 다니는 기계로, 탐사선, 로켓 등이 모두 포함된답니다. 최초의 우주선인 소련의 스푸트니크 1호를 시작으로 현재까지 셀 수 없이 많은 무인, 유인 우주선이 우주로 갔어요. 우주선은 로켓에 실려 발사돼요. 로켓은 연료가 모두 떨어지면 자동으로 우주선과 분리되어 지구로 추락하고, 우주선은 속도를 내어 목적지로 나아가지요. 우주선의 구조는 나라마다 다 다르지만, 보통은 궤도선, 귀환선, 기계선으로 이루어졌답니다.

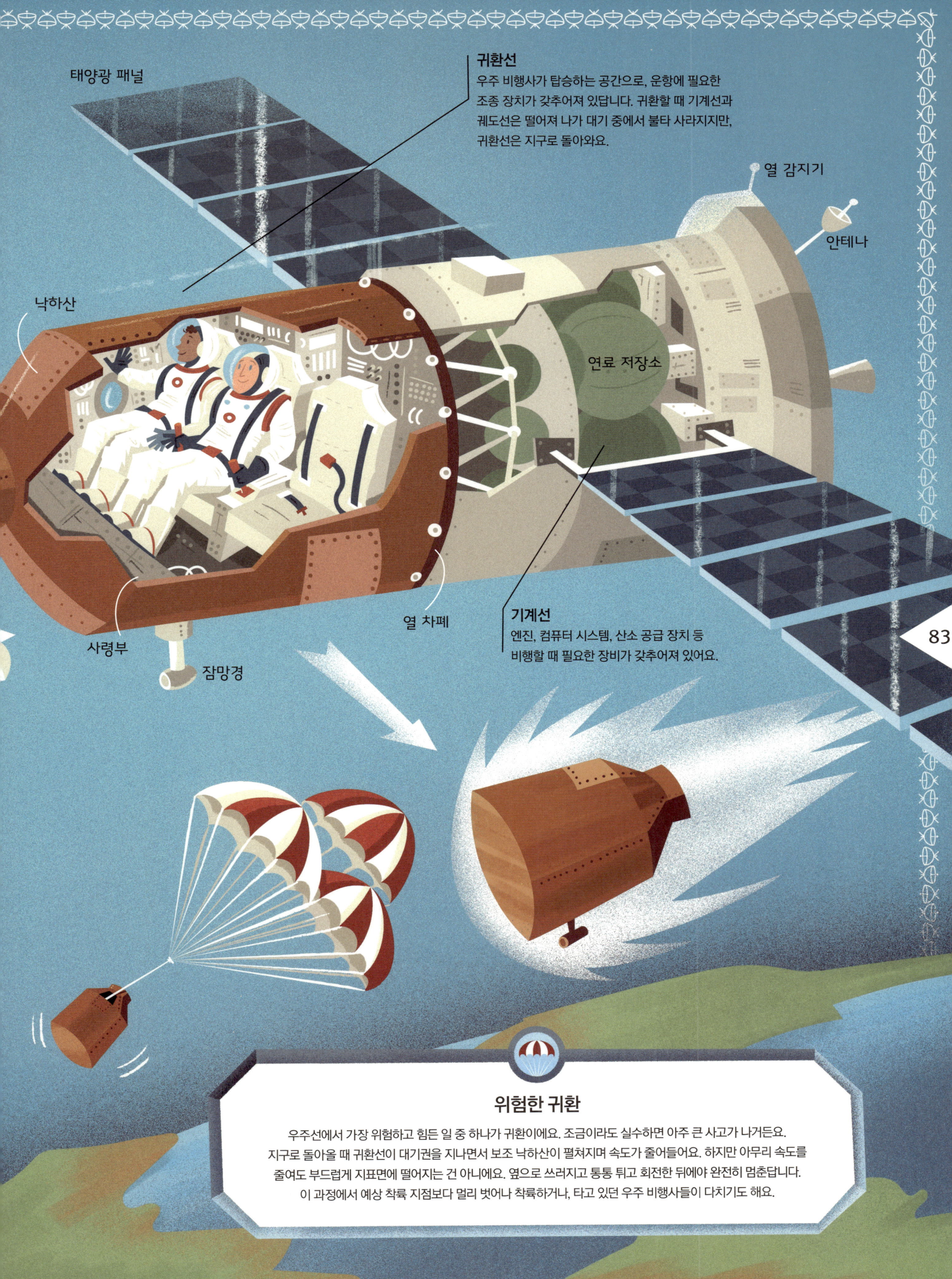

러시아 모듈

다목적 연구실 모듈

우주 유영
우주 비행사들이 우주 공간을 떠다니는 것을 '우주 유영'이라고 해요. 국제우주정거장에서 생활하는 우주 비행사들은 정기적으로 우주 공간으로 나가 정거장을 수리하거나 교체하고, 밖에 설치한 실험 샘플도 채취한답니다. 우주 정거장에 몸을 고정한 채 두 사람이 함께해요.

즈베즈다 모듈(러시아)
우주에서 살아가기 위해 필요한 생명 유지 장치, 온도 조절 장치, 통신 장치 등이 있는 핵심 모듈이에요. 우주 비행사들은 즈베즈다 모듈에서 잠도 자고 밥도 먹으며 일상생활을 해요. 지구와는 달리 중력이 거의 없는 공간이라 모든 물건이 공중에 붕 떠다녀요. 그래서 침대, 책, 심지어 음식도 벽에 끈이나 벨크로로 고정되어 있답니다.

자랴 모듈

유니티 모듈

유럽 모듈

우주 비행사들의 집
국제우주정거장

우주 공간에서 오랜 기간 머무는 건 아주 힘들어요. 우주선을 타고 무사히 도착했다 해도, 연료나 우주 비행사들이 먹는 식량, 숨 쉴 수 있는 산소 등이 떨어지면 큰일이거든요. 그래서 세계 16개 나라가 힘을 모아 국제우주정거장(ISS)을 세웠어요. 국제우주정거장은 수십 개의 모듈로 조립된 구조물로, 생명 유지 장치, 통신 장치, 온도 조절 장치 등을 갖추고 있어서 사람이 장기간 우주에 머물 수 있도록 해요. 1998년 러시아가 자랴 모듈을 쏘아 올리면서 건설이 시작됐고, 뒤이어 다른 나라도 추가로 모듈을 발사하면서 국제우주정거장이 완성되었답니다.

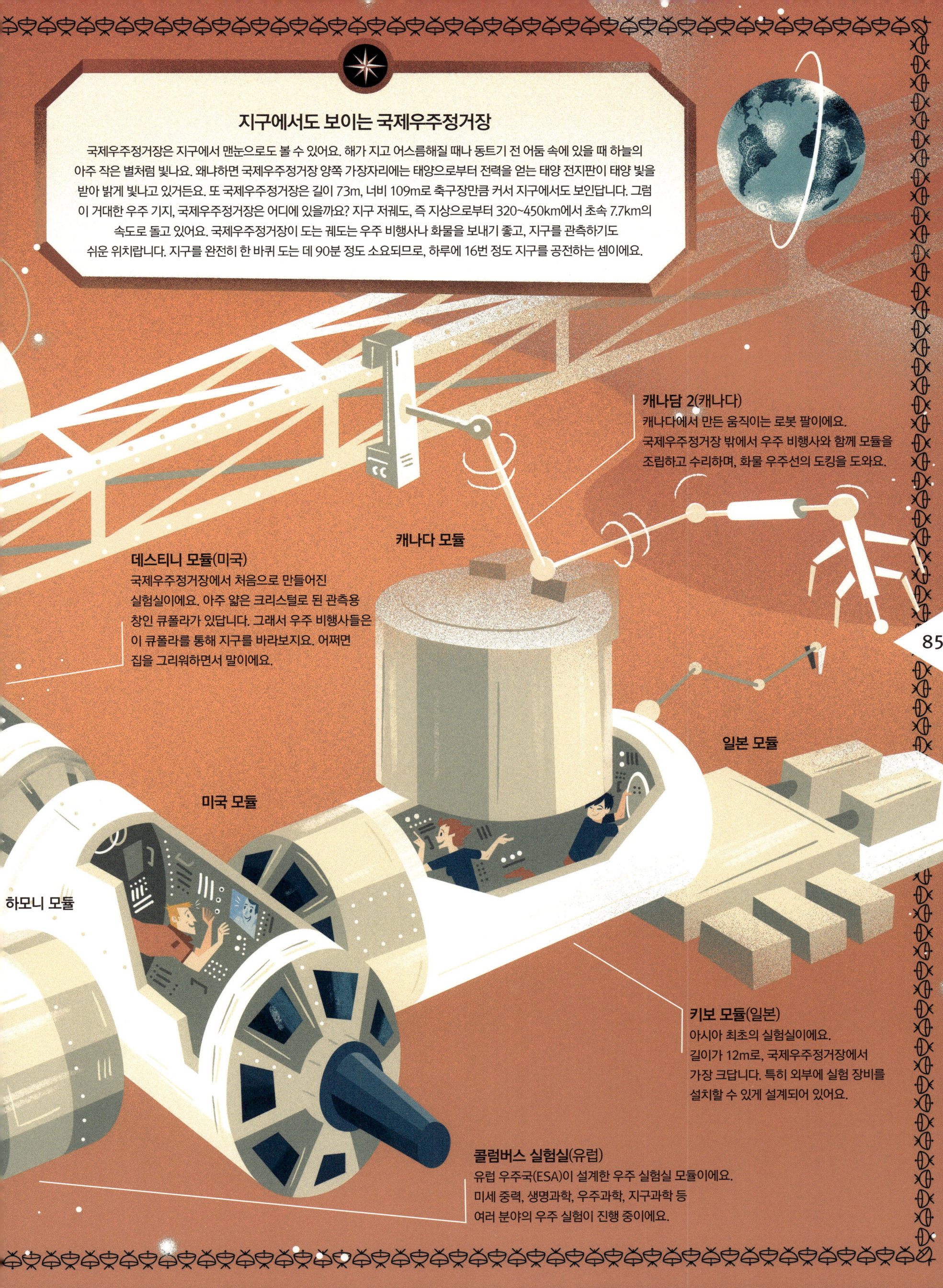

지구에서도 보이는 국제우주정거장

국제우주정거장은 지구에서 맨눈으로도 볼 수 있어요. 해가 지고 어스름해질 때나 동트기 전 어둠 속에 있을 때 하늘의 아주 작은 별처럼 빛나요. 왜냐하면 국제우주정거장 양쪽 가장자리에는 태양으로부터 전력을 얻는 태양 전지판이 태양 빛을 받아 밝게 빛나고 있거든요. 또 국제우주정거장은 길이 73m, 너비 109m로 축구장만큼 커서 지구에서도 보인답니다. 그럼 이 거대한 우주 기지, 국제우주정거장은 어디에 있을까요? 지구 저궤도, 즉 지상으로부터 320~450km에서 초속 7.7km의 속도로 돌고 있어요. 국제우주정거장이 도는 궤도는 우주 비행사나 화물을 보내기 좋고, 지구를 관측하기도 쉬운 위치랍니다. 지구를 완전히 한 바퀴 도는 데 90분 정도 소요되므로, 하루에 16번 정도 지구를 공전하는 셈이에요.

캐나담 2(캐나다)
캐나다에서 만든 움직이는 로봇 팔이에요. 국제우주정거장 밖에서 우주 비행사와 함께 모듈을 조립하고 수리하며, 화물 우주선의 도킹을 도와요.

캐나다 모듈

데스티니 모듈(미국)
국제우주정거장에서 처음으로 만들어진 실험실이에요. 아주 얇은 크리스털로 된 관측용 창인 큐폴라가 있답니다. 그래서 우주 비행사들은 이 큐폴라를 통해 지구를 바라보지요. 어쩌면 집을 그리워하면서 말이에요.

일본 모듈

미국 모듈

하모니 모듈

키보 모듈(일본)
아시아 최초의 실험실이에요. 길이가 12m로, 국제우주정거장에서 가장 크답니다. 특히 외부에 실험 장비를 설치할 수 있게 설계되어 있어요.

콜럼버스 실험실(유럽)
유럽 우주국(ESA)이 설계한 우주 실험실 모듈이에요. 미세 중력, 생명과학, 우주과학, 지구과학 등 여러 분야의 우주 실험이 진행 중이에요.

천문학 사전

광년
천체와 천체 사이의 거리를 나타내는 단위. 1광년은 빛이 진공 상태에서 1년 동안 지나간 거리로, 약 9조 5천억 km예요.

궤도
한 천체가 중력의 영향을 받아 다른 천체의 둘레를 돌면서 그리는 길.

나사(NASA)
미국 항공 우주국.

대기
천체를 둘러싸고 있는 가스층.

반구
구의 절반. 어떤 행성에 관해 이야기할 때 북반구는 행성의 북극 부분을, 남반구는 남극 부분을 말해요.

백색 왜성
태양과 같은 중간 크기의 별이 수명을 다할 때의 천체. 청백색을 띠어요.

별자리
천구에 투영된 별을 이어서, 사물이나 인물 등을 연상하도록 이름을 붙인 것. 국제 천문 연맹에서 공인한 별자리는 88개예요.

블랙홀
빛을 포함해 그 어떤 것도 빠져나가지 못할 만큼 중력이 강한 천체.

성단
하나의 성운에서 태어난 별들의 무리로, 수백 개에서 수십만 개의 별로 이루어졌어요.

성운
가스와 먼지 등으로 이루어진 구름 모양의 천체. 새로운 별이 생겨나는 장소예요.

소행성대
화성과 목성 사이에 소행성들이 몰려 있는 지역. 대부분의 소행성은 이곳에 있어요.

외계 행성
태양계 밖에 있는 항성(별) 주위를 도는 행성.

우주
지구 대기권 너머 모든 천체를 포함하는 공간.

우주 비행사
우주를 여행하기 위해 특수 훈련을 받은 사람. '우주인'이라고 불러요.

운석
천체에서 형성된 후 충돌에 의해 우주를 떠도는 암석 조각.

월식
달이 지구의 그림자에 의해 일부나 전부가 가려지는 현상.

위성
행성 주위 궤도를 돌고 있는 작은 천체. 지구의 위성은 달이에요.

은하
별, 가스, 성간 물질, 블랙홀 등이 하나로 뭉쳐 있는 천체. 적어도 천억 개 이상의 별들을 포함하고 있으며, 우주에 천억 개 정도 있어요.

일식
달이 태양의 일부나 전부를 가리는 현상.

자기력
자기를 띠고 있는 물체들 주위에 있는 힘, 혹은 그 물체들 안에서 전류가 흐르는 것.

자전축
천체가 자전할 때 중심이 되는 축. 지구의 자전축은 남극과 북극을 연결한 선이에요.

중력
우주의 모든 물체 간에 작용하는 인력(끌어당기는 힘).

질량
어떤 물체 안에 포함된 물질의 고유한 양.

천구 적도
지구의 적도면을 우주로 연장한 것.

초신성
질량이 큰 별이 진화하는 마지막 단계. 급격한 폭발에 의해 강렬한 빛을 발한 뒤 사라져요.

카이퍼대
해왕성 바깥에서 태양 주위를 도는 얼음덩어리와 소행성들의 집합체.

태양계
태양과 태양을 중심으로 한 천체 집단.

펄사
전파를 다량 발하는 중성자별.

항성(별)
핵융합을 통해 스스로 빛을 내는 천체. 태양이 대표적인 항성이에요.

행성
스스로 빛을 내지 않으면서 다른 별 주위의 궤도를 도는 천체.

혜성
행성이 되지 못한 얼음 먼지의 퇴적물. 주로 카이퍼대와 오르트 구름에 분포해요.

초판 1쇄 발행 2021년 5월 15일
초판 2쇄 발행 2023년 5월 15일

글 라라 알바네세 | 그림 톰마소 비두스 로신 | 옮김 오희
펴낸이 변태식 | 펴낸곳 ㈜라이카미
책임편집 강숙희 | 책임디자인 곽윤정
총괄 박승열 | 마케팅사업부 김대성
총제작 ㈜지에스테크 | 지류 성진페이퍼
대표전화 02-564-6006 | 팩스 02-564-8626
주소 서울시 강남구 개포로140길 28 3층
이메일 editor@laikami.com
신고번호 2005-000355호 | 신고일자 2005년 12월 8일
ISBN 979-11-90808-32-3 (73440)

Mappe Spaziali
Testi : Lara Albanese
Illustrazioni : Tommaso Vidus Rosin
Progetto grafico e impaginazione : Cristiana Mistrali
ⓒDalcò Edizioni Srl
Via Mazzini n. 6 – 43121 Parma
www.dalcoedizioni.it – rights@dalcoedizioni.it
All rights reserved.

Korean translation rights ⓒ 2021 LAIKAMI
Korean translation rights are arranged with Dalcò Edizioni Srl through AMO Agency Korea.

·이 책의 한국어판 저작권은 AMO 에이전시를 통해 저작권자와 독점 계약한 ㈜라이카미에 있습니다.
·저작권법에 의해 한국 내에서 보호를 받는 저작물이므로 무단 전재와 무단 복제를 금합니다.
·파본은 구입하신 서점에서 교환해 드립니다.